Backen mit Glücksgefühl

Hefeteig

von Oda Tietz

Fotos: Andreas Ketterer & Evelyn Layher

Bassermann Inspiration

Vorwort

Sind sie nicht zum Reinbeißen schön, die kleinen süßen Hefeteilchen. Und wie sie duften! Man muss sie einfach mögen! Ebenso die vielerlei Blechkuchen, deren lockerer feiner Hefeteig bedeckt ist mit saftigen, sahnigen, fruchtigen, cremigen oder knusprigen Köstlichkeiten. Oder wer könnte einem leckeren Gugelhupf, veredelt mit Rum oder Nüssen, oder einer sächsischen Bäbe widerstehen. Wer es lieber herzhaft mag, kann sich und andere mit einem Speck-, Zwiebel-, Schnittlauch- oder Flottkuchen verwöhnen.

Doch nicht nur das Genießen, auch das Produzieren der wundervollen Backwerke, die bis heute nicht an Beliebtheit verloren haben, macht Spaß. Besonders jenen Backfans, die die Hände gern im Teig haben. Denn nach Herzenslust kann man kneten, ausrollen, ausrädeln, formen, flechten, füllen, schnippeln und verzieren. Der Fantasie sind keine Grenzen gesetzt. Und wenn man weiß, wie man mit der Hefe umgeht, was sie mag und was sie nicht mag, gelingen diese exzellenten Gaumenfreuden garantiert und werden zu Favoriten auf dem Kaffeetisch. Probieren Sie es aus! Jeder Anfang ist leicht! Ich wünsche Ihnen gutes Gelingen.

Ihre Oda Tietz

Vorwort 6

Backen mit Hefe – ganz einfach 8

Schritt für Schritt zum perfekten Hefeteig 9

Weitere Tipps und Tricks 10

Das richtige Handwerkszeug 11

Die Rezepte

Kleingebäck & Schmalzgebackenes 14

Zöpfe, Kränze, Napfkuchen & Stollen 38

Blechkuchen 62

Pikantes Hefegebäck 90

Rezeptverzeichnis 107

Impressum 109

Backen mit Hefe – ganz einfach

Die Hefe ist immer dabei und der Umgang mit ihr denkbar einfach!
Man muss nur folgendes wissen:

Was die frische Hefe mag

- Süßungsmittel (Zucker, Honig) - sie unterstützen die Triebkraft

- lauwarme Flüssigkeit von ca. 37 °C

- Zutaten, die eine gleichmäßige Zimmertemperatur haben
  (also Butter, Schmalz, Eier usw. rechtzeitig aus dem Kühlschrank nehmen)

- genügend Zeit und Ruhe zum Aufgehen des Vorteiges, zugedeckt
  bei 20 bis 30 °C

- kräftiges Kneten

- nochmals reichlich Zeit zum Aufgehen, zugedeckt bei 20 bis 30 °C

- zusammenschlagen des Teiges. Dem Teig entweichen dabei Luftblasen,
  er geht gleichmäßig auf und wird feinporig.

Was die frische Hefe nicht mag

- direkte Berührung mit Salz, denn es entzieht den
  Hefezellen die Feuchtigkeit, die sie zur Vermehrung
  brauchen

- direkte Berührung mit Fett, denn es verhindert, dass
  die Hefezellen sich vermehren und der Teig aufgeht

- zu kalte Flüssigkeit (unter 30 °C), denn sie bremst die
  Triebkraft; der Teig geht dann nur sehr langsam auf

- zu heiße Flüssigkeit (über 38 °C), denn sie tötet die
  Hefebakterien ab; der Teig geht dann nicht auf

- Zugluft beim Ruhen; der Teig geht dann nicht richtig auf

Schritt für Schritt zum perfekten Hefeteig

1. Zutaten abwiegen und bereitstellen. Sie sollen die gleiche Temperatur, am besten Zimmertemperatur, haben. Das Mehl in eine Schüssel sieben, in die Mitte eine Vertiefung drücken.

2. Hefe zerbröckeln, mit Zucker in etwas lauwarmer Milch verquirlen.

3. Die Mischung in die Vertiefung gießen, etwas Mehl vom Rand einrühren, einen breiartigen Vorteig bereiten.

4. Die Schüssel abdecken, den Vorteig an einen warmen Ort stellen und 20 bis 30 Minuten zugedeckt gehen lassen.

5. Die restlichen Zutaten auf den Mehlrand geben und von der Mitte alles solange verkneten, bis der Teig elastisch und trocken ist.

6. Zugedeckt den Teig nochmals gehen lassen, bis er sein Volumen verdoppelt hat (etwa 30 bis 45 Minuten).

7. Den Teig auf der bemehlten Arbeitsfläche nochmals kräftig durchkneten.

8. Für Blechkuchen den Teig auf der bemehlten Arbeitsfläche ausrollen und auf ein eingefettetes Backblech legen. Einen Rand hochziehen, den Teig mit einer Gabel mehrmals einstechen. Dadurch wird verhindert, dass sich Luftblasen bilden und der Boden sich aufwölbt.

9. Für Kleingebäck den Teig ausrollen und mit einem Teigrad ausrädeln. Nicht zu dicht auf das eingefettete Backblech legen, das Gebäck vergrößert sich beim Backen.

10. Vor dem Backen nochmals zugedeckt 10 Minuten gehen lassen, damit der Teig schön locker wird.

Weitere Tipps und Tricks

Beim Backen in **Gas- oder Elektroherden** sollten Hefekuchen auf der mittleren Einschubleiste ihren Platz finden, damit der Belag gar und der Boden knusprig wird.

Wer einen **Umluftherd** besitzt, kann mehrere Kuchen gleichzeitig backen, denn die Temperatur ist im gesamten Herdraum konstant. Trotzdem sollte die Position der Bleche vertauscht werden, sobald die Hälfte der Backzeit um ist.

Garprobe: Um zu prüfen, ob der Kuchen gar ist, ein Holzstäbchen in den Teig stechen. Es darf kein Teig daran haften bleiben.

Frittiertes Hefegebäck muss in sehr heißem Fett ausgebacken werden. Um zu prüfen, ob die Temperatur stimmt, kann man einen Kochlöffel in das siedende Fett halten. Es müssen sich sofort zahlreiche Bläschen bilden.

Gehzeiten: Wie lange der Teig gehen muss, hängt von der Menge und der Frische der Hefe ab. Je weniger Hefe verwendet wird und je frischer sie ist, desto länger dauert es, bis sich ihre Wirkung voll entfalten kann.

Wird **Trockenhefe** verwendet, entfällt die Zubereitung des Vorteiges. Die Trockenhefe wird mit gesiebtem Mehl vermischt und mit den restlichen Zutaten zu einem elastischem Teig verknetet. Nach einer halbstündigen Ruhezeit kann der Teig geformt, auf das eingefettete Backblech gelegt und gebacken werden. Ein Beutel Trockenhefe enthält 7 G, das entspricht 25 G Frischhefe.

Damit der Hefeteig schön geschmeidig wird, sollte er stets eine reichliche Portion **Fett** enthalten. Fett ist obendrein ein wichtiger Geschmacksträger. Butter, Butterschmalz oder Öl jedoch immer erst unter den Teig kneten, wenn die frische Hefe ein erstes Mal gegangen ist.

Hefeteig will gut **durchgeknetet** sein. Wer von Hand knetet, sollte etwa 30 Minuten dafür einplanen. Denn erst dann löst sich der Teig vom Schüsselboden und glänzt wunderbar seidig. Wer es schneller und leichter mag, kann den Teig auch in der Küchenmaschine oder mit dem Knethaken des Handrührgerätes herstellen, zuerst auf niedrigster, dann auf höchster Schaltstufe. Der Teig muss solange bearbeitet werden, bis er glatt und geschmeidig ist und sich vom Schüsselboden löst - etwa 10 Minuten.

Frische Hefe, Hefeteig und Backwerk aus Hefe eignen sich zum **Tiefgefrieren**.

Eier müssen frisch sein! Gibt man ein frisches Ei in eine große Tasse Wasser, sinkt es zu Boden und bleibt auf der Seite gekippt liegen. Richtet es sich jedoch auf oder treibt sogar nach oben, sollte es nicht mehr verwendet werden. Ein anderer Frischetest: Schlagen Sie das Ei auf einen Teller. Das Eigelb muss schön kugelig sein, das Eiweiß fest und nicht verlaufen. **Die in den Rezepten verwendeten Eier stammen von freilaufenden Hühnern und haben ein Gewicht von 65 bis 70 g, das entspricht der Größe L.**

Das richtige Handwerkszeug

- Waage, die leicht zu bedienen ist und das Gewicht präzise anzeigt

- Siebe für Mehl, Puderzucker, Kakao

- Messbecher, der auch für Flüssigkeiten geeignet ist

- Schüsseln in ausreichender Größe für den Teig, für Schlagsahne, Eischnee, Kuvertüre

- großes Backbrett

- Reiben für Zitronen- und Orangenschale und für Schokolade

- Schneebesen zum Schlagen von Creme, Eiern, Sahne

- Mühle für Mandeln und Nüsse

- Nudelholz zum Ausrollen des Teiges

- Backpinsel zum Einfetten von Backformen und Kuchenblechen und zum Bestreichen und Glasieren von Backwerk

- Palette zum Bestreichen von Teigen

- Kuchengitter zum Abkühlen des Backwerks

- Teigrädchen zum Ausstechen des Teiges

- Kurzzeitwecker zum Einhalten der Backzeiten

- Backformen: Napfkuchenform, Backbleche

- Topf zum Ausbacken von Fettgebäck

- Backpapier zum Abdecken von Kuchen mit Eierguss

11

Kleingebäck & Schmalzgebackenes

Teig

500 g Mehl
1 Würfel zimmerwarme Hefe (42 g)
125 g Zucker
150 ml lauwarme Milch
1 Prise Salz
3 zimmerwarme Eier (Größe L)
200 g weiche Butter

Deko

2 Eigelb (Größe L)
Hagelzucker

Küchengeräte

evtl. Handrührer mit Knethaken
Nudelholz
eingefettetes Backblech

Zeiten

Gehzeiten: 20, 30, 10 Minuten
Backzeit: 20 Minuten
Ofentemperatur: 200 °C

Ergibt 12 Hörnchen

Butterhörnchen

1 Das Mehl in eine Schüssel sieben, in die Mitte eine Vertiefung drücken. Die Hefe zerbröckeln, mit 1 Esslöffel Zucker in der Milch verquirlen, in die Vertiefung gießen und mit etwas Mehl zu einem Vorteig verrühren. Zugedeckt 20 Minuten an einem warmen Ort gehen lassen.

2 Salz, Eier, 100 g Butter in Flöckchen auf dem Mehlrand verteilen. Von der Mitte her die Zutaten zu einem glatten Teig verkneten. Sollte der Teig kleben, noch etwas Mehl zufügen. Zugedeckt an einem warmen Ort 30 Minuten gehen lassen.

3 Die restliche Butter schmelzen. Den Teig durchkneten, auf der bemehlten Arbeitsfläche ausrollen, Quadrate von 20 cm Kantenlänge schneiden, mit zerlassener Butter beträufeln und mit dem restlichen Zucker bestreuen. Die Quadrate von einer Spitze beginnend aufrollen und zu Hörnchen biegen.

4 Ein Backblech einfetten, die Hörnchen auflegen, mit verquirltem Eigelb bestreichen und mit Hagelzucker bestreuen. Zugedeckt 10 Minuten gehen lassen.

5 Im vorgeheizten Backofen bei 200 °C (Gas Stufe 3, Umluft 180 °C) etwa 20 Minuten backen.

Variante: Aus dem Teig können Sie auch Osterwickel herstellen. Dafür bereitet man aus dem Hefeteig daumendicke Rollen von etwa 45 cm Länge, biegt sie in der Mitte um und windet sie umeinander. In das obere Teigende drückt man eine Vertiefung ein, damit nach dem Backen ein buntbemaltes Osterei darin Platz finden kann. Die Osterwickel werden auf ein eingefettetes Backblech gelegt, mit Eigelb bestrichen, mit Hagelzucker bestreut und im vorgeheizten Backofen bei 200 °C (Gas Stufe 3, Umluft 180 °C) etwa 20 Minuten gebacken. Zum Auskühlen auf ein Kuchengitter setzen.

Teig

500 g Mehl
30 g zimmerwarme Hefe
2 EL Zucker
200 ml lauwarme Milch
1/2 TL abgeriebene Zitronenschale
1 kräftige Prise Salz
1 Prise Muskat
100 g weiche Butter
3 zimmerwarme Eier (Größe L)
2 zimmerwarme Eigelb (Größe L)
zum Bestreichen

Küchengeräte

evtl. Handrührer mit Knethaken
12 Backförmchen,
ca. 7 cm Durchmesser

Zeiten

Gehzeiten: 20, 30, 15 Minuten
Backzeit: 15 Minuten
Ofentemperatur: 200 °C

Ergibt 12 Stück

Brioches

1 Das Mehl in eine Schüssel sieben, in die Mitte eine Vertiefung drücken. Die Hefe zerbröckeln, mit 1 Teelöffel Zucker in der Milch verquirlen, in die Vertiefung gießen, etwas Mehl vom Rand zufügen und einen breiartigen Vorteig bereiten. Zugedeckt an einem warmen Ort 20 Minuten gehen lassen.

2 Den restlichen Zucker, Zitronenschale, Salz, Muskat, die Butter in Flöckchen und die Eier auf dem Mehlrand verteilen. Von der Mitte her die Zutaten verkneten. Den Teig gut verkneten, bis er sich vom Schüsselboden löst. Wenn der Teig klebt, noch etwas Mehl zufügen. Zugedeckt 30 Minuten gehen lassen.

3 Kleine Förmchen einfetten. Zwei Drittel des Teiges einfüllen, in die Mitte jeweils eine tiefe Mulde drücken.

4 Eigelb mit 1 Esslöffel Wasser verrühren, die Mulde damit bestreichen. Aus dem restlichen Drittel Teig mit bemehlten Händen kleine Kugeln formen, in die Mulde setzen und ebenfalls mit Eigelb bestreichen. Zugedeckt 15 Minuten gehen lassen.

5 Im vorgeheizten Backofen bei 200 °C (Gas Stufe 3, Umluft 180 °C) etwa 15 Minuten backen. Sofort servieren.

17

Teig

500 g Mehl
1 Würfel zimmerwarme Hefe (42 g)
2 EL Zucker
200 ml lauwarme Milch
80 g weiche Butter
1 zimmerwarmes Ei (Größe L)
1 Prise Salz
2 EL Zucker zum Bestreichen

Küchengeräte

evtl. Handrührer mit Knethaken
eingefettetes Backblech

Zeiten

Gehzeiten: 20, 30, 15 Minuten
Backzeit: 20 Minuten
Ofentemperatur: 200 °C

Ergibt 12 Stück

Einback

1 Das Mehl in eine Schüssel sieben, in die Mitte eine Vertiefung drücken. Die Hefe zerbröckeln, mit 1 Teelöffel Zucker in der Milch verquirlen, in die Vertiefung gießen, etwas Mehl vom Rand zufügen und einen breiartigen Vorteig rühren. Zugedeckt an einem warmen Ort 20 Minuten gehen lassen.

2 Auf dem Mehlrand die Butter in Flöckchen, Ei, Salz und den restlichen Zucker verteilen. Von der Mitte her die Zutaten zu einem glatten Teig verkneten. Den Teig so lange kneten, bis er sich vom Schüsselboden löst. Wenn der Teig klebt, noch etwas Mehl zufügen. Zugedeckt an einem warmen Ort 30 Minuten gehen lassen.

3 Den Teig auf der bemehlten Arbeitsfläche durchkneten und ovale Teigstücke von 10 cm Länge und 3 cm Breite formen. Ein Backblech einfetten. Die Teigstücke aneinander wie ein Brot auf das Backblech schichten. Nochmals 15 Minuten gehen lassen.

4 Den Zucker in etwas warmem Wasser auflösen und den Teig damit bestreichen. Im vorgeheizten Backofen bei 200 °C (Gas Stufe 3, Umluft 190 °C) etwa 20 Minuten backen. Zum Auskühlen auf ein Kuchengitter geben.

Teig

500 g Mehl
1 Würfel zimmerwarme Hefe (42 g)
2 EL Zucker
250 ml lauwarme Milch
150 g Sultaninen
50 g Korinthen
60 g Butter
1 Prise Salz
125 g gehackte Mandeln
80 g fein geschnittenes Zitronat
200 g Aprikosenkonfitüre

Glasur

200 g Puderzucker
2-3 EL Zitronen- oder Orangensaft

Küchengeräte

evtl. Handrührer mit Knethaken
Nudelholz
eingefettetes Backblech
kleines Sieb

Zeiten

Gehzeiten: 20, 30, 15 Minuten
Backzeit: 20 Minuten
Ofentemperatur: 200 °C

Ergibt 12 Stück

Reformationsküchlein

1 Das Mehl in eine Schüssel sieben, in die Mitte eine Vertiefung drücken. Die Hefe zerbröckeln, mit 1 Teelöffel Zucker in 125 ml Milch verquirlen, in die Vertiefung gießen, etwas Mehl vom Rand dazugeben, einen breiartigen Vorteig rühren. Zugedeckt an einem warmen Ort 20 Minuten gehen lassen.

2 Sultaninen und Korinthen waschen und abtropfen lassen. Die Butter in Flöckchen, den restlichen Zucker, Salz, Mandeln, Zitronat, Sultaninen und Korinthen auf dem Mehlrand verteilen. Die Zutaten von der Mitte her zu einem weichen, glatten Teig verkneten, dabei die restliche Milch zugeben. Falls der Teig klebt, noch etwas Mehl zufügen. Zugedeckt an einem warmen Ort 30 Minuten gehen lassen.

3 Den Teig nochmals auf der bemehlten Arbeitsfläche durchkneten und ausrollen. Quadrate von ca. 12 x 12 cm ausrädeln oder ausschneiden und die Ecken zur Mitte hin einschlagen. Die Zipfel sollen aneinanderstoßen. In die Mitte etwas Konfitüre geben.

4 Ein Backblech einfetten, die Reformationsküchlein auflegen und nochmals 15 Minuten gehen lassen.

5 Im vorgeheizten Backofen bei 200 °C (Gas Stufe 3, Umluft 180 °C) etwa 20 Minuten backen. Herausnehmen und auskühlen lassen.

6 Den Puderzucker sieben, mit dem Saft verrühren und die Reformationsküchlein damit überziehen.

Teig

500 g Mehl

1 Würfel zimmerwarme Hefe (42 g)

125 g Zucker

100 ml lauwarme Milch

100 g Sahne

2 zimmerwarme Eier (Größe L)

100 g weiche Butter

50 g gemahlene Mandeln

100 g Sultaninen

50 g Korinthen

Küchengeräte

evtl. Handrührer mit Knethaken

gefettetes Backblech

Zeiten

Gehzeiten: 20, 30, 10 Minuten

Backzeit: 20 Minuten

Ofentemperatur: 200 °C

Ergibt 12 Stück

Rosinenwickel | *Foto auf dem Umschlag vorne*

1 Das Mehl in eine Schüssel sieben, in die Mitte eine Vertiefung drücken. Die Hefe zerbröckeln, mit 1 Teelöffel Zucker in der Milch verrühren, in die Vertiefung gießen. Etwas Mehl vom Rand zugeben und einen breiartigen Vorteig bereiten. Zugedeckt an einem warmen Ort 20 Minuten gehen lassen.

2 Auf dem Mehlrand den restlichen Zucker, Sahne, Eier, die Butter in Flöckchen und die Mandeln verteilen. Alles gut verkneten. Wenn der Teig klebt, noch etwas Mehl zufügen. Die Sultaninen und Korinthen waschen, trocken tupfen, danach untermischen. Zugedeckt 30 Minuten gehen lassen.

3 Den Teig nochmals durchkneten, in 12 Stücke teilen. Die Stücke zu Rollen formen, die Enden jeweils etwas verjüngen. Dann die Rollen nach Belieben zu einem S oder U oder C formen, die Enden jeweils nach innen wickeln (einrollen).

4 Ein Backblech einfetten, die Wickel auflegen, 10 Minuten gehen lassen. Im vorgeheizten Backofen bei 200 °C (Gas Stufe 3, Umluft 180 °C) etwa 20 Minuten backen. Zum Auskühlen auf ein Kuchengitter geben.

Teig

500 g Mehl
1 Würfel zimmerwarme Hefe (42 g)
100 g Zucker
200 ml lauwarme Milch
100 g weiche Butter
1 zimmerwarmes Ei (Größe L)
1 Prise Salz

Füllung

30 g weiche Butter
150 g Sultaninen
50 g getrocknete, fein geschnittene
Aprikosen
100 g gehackte Haselnüsse
100 g Zucker

Guss

200 g Puderzucker
4 EL Rosenwasser (Apotheke)

Küchengeräte

evtl. Handrührer mit Knethaken
Nudelholz
eingefettetes Backblech
Kleines Sieb

Zeiten

Gehzeiten: 20, 30, 10 Minuten
Backzeit: 20 Minuten
Ofentemperatur: 200 °C

Ergibt 12 Stück

Aprikosen-Nuss-Schnecken | *Foto auf Seite 12, 13*

1. Das Mehl in eine Schüssel sieben, in die Mitte eine Vertiefung drücken. Die Hefe zerbröckeln, mit 1 Teelöffel Zucker in 125 ml Milch verrühren, in die Vertiefung gießen, etwas Mehl vom Rand einrühren, einen breiartigen Vorteig herstellen. Zugedeckt an einem warmen Ort 20 Minuten gehen lassen.

2. Auf dem Mehlrand die Butter in Flöckchen, den restlichen Zucker, Ei und Salz verteilen. Die Zutaten von der Mitte her verkneten, dabei die restliche Milch zufügen. Den Teig gut durchkneten. Wenn der Teig klebt, noch etwas Mehl zugeben. Zugedeckt an einem warmen Ort 30 Minuten gehen lassen.

3. Den Teig auf der bemehlten Arbeitsfläche durchkneten, ausrollen und mit Butter bestreichen.

4. Sultaninen waschen, abtropfen lassen, mit den Aprikosen, Haselnüssen und dem Zucker vermischen und auf dem Teig verteilen. Den Teig aufrollen. Mit einem scharfen Messer 1,5 cm breite Scheiben abschneiden und etwas flachdrücken.

5. Ein Backblech einfetten, die Scheiben nicht zu dicht aneinander auflegen, zugedeckt 10 Minuten gehen lassen.

6. Im vorgeheizten Backofen bei 200 °C (Gas Stufe 3, Umluft 180 °C) etwa 20 Minuten backen. Herausnehmen und etwas auskühlen lassen. Den Puderzucker sieben, mit Rosenwasser verrühren und die lauwarmen Schnecken damit bestreichen.

Teig

500 g Mehl
1 Würfel zimmerwarme Hefe (42 g)
100 g Zucker
250 ml lauwarme Milch
1 Prise Salz
1 zimmerwarmes Ei (Größe L)
100 g weiche Butter

Streusel

200 g Zucker
200 g Mehl
30 g gemahlene Mandeln
200 g kalte Butte
1 Prise Zimt

Guss

250 g Puderzucker

Küchengeräte

evtl. Handrührer mit Knethaken
Nudelholz
runder Ausstecher oder Glas,
ca. 10 bis 12 cm Durchmesser
eingefettetes Backblech
kleines Sieb

Zeiten

Gehzeiten: 20, 30, 10 Minuten
Backzeit: 20 Minuten
Ofentemperatur: 200 °C

Ergibt 12 Stück

Streuseltaler

1 Das Mehl in eine Schüssel sieben, in die Mitte eine Vertiefung drücken. Die Hefe zerbröckeln und mit 1 Teelöffel Zucker in etwas Milch verrühren, in die Vertiefung gießen. Etwas Mehl vom Rand einrühren und einen breiartigen Vorteig herstellen. Zugedeckt an einem warmen Ort 20 Minuten gehen lassen.

2 Auf dem Mehlrand den restlichen Zucker, Salz, Ei und die Butter in Flöckchen verteilen. Von der Mitte her die Zutaten zu einem glatten Teig verkneten, dabei die restliche Milch zufügen. Wenn der Teig klebt, noch etwas Mehl zugeben. Nochmals zugedeckt 30 Minuten gehen lassen.

3 Den Teig zusammenstoßen, kurz durchkneten, auf der bemehlten Arbeitsfläche 1 cm dick ausrollen. Kreise von 10 bis 12 cm Durchmesser ausstechen.

4 Aus Zucker, Mehl, Mandeln, Butter und Zimt die Streusel formen und auf den Kreisen verteilen.

5 Ein Backblech einfetten, die Teigstücke auflegen, zugedeckt 10 Minuten gehen lassen. Danach im vorgeheizten Backofen bei 200 °C (Gas Stufe 3, Umluft 180 °C) etwa 20 Minuten backen. Auf einem Kuchengitter auskühlen lassen.

6 Den Puderzucker sieben und mit 2 bis 3 Esslöffel Wasser zu einer dickflüssigen Masse verrühren. Die Streuseltaler damit überziehen.

Teig

500 g Mehl
30 g zimmerwarme Hefe
100 g Zucker
250 ml lauwarme Milch
1 Päckchen Vanillezucker
2 EL gemahlene Mandeln
1/2 TL abgeriebene Zitronenschale
1 zimmerwarmes Ei (Größe L)
80 g weiche Butter
1 Eigelb

Füllung

2 Päckchen Vanille-Puddingpulver
1 EL Speisestärke
750 ml Milch
100 g Zucker
1 EL Butter
4 EL Sahne

Guss

200 g Puderzucker

Küchengeräte

evtl. Handrührer mit Knethaken
eingefettetes Backblech
kleines Sieb
Spritzbeutel mit Sterntülle

Zeiten

Gehzeiten: 20, 30, 10 Minuten
Backzeit: 15 Minuten
Ofentemperatur: 200 °C

Ergibt 8 Brezeln

Puddingbrezeln

1 Das Mehl in eine Schüssel sieben, in die Mitte eine Vertiefung drücken. Die Hefe zerbröckeln, mit 1 Teelöffel Zucker in etwas Milch verrühren, in die Vertiefung gießen. Etwas Mehl vom Rand darüber geben und einen breiartigen Vorteig bereiten. Zugedeckt an einem warmen Ort 20 Minuten gehen lassen.

2 Den restlichen Zucker, Vanillezucker, Mandeln, Zitronenschale, Ei und die Butter in Flöckchen auf dem Mehlrand verteilen. Von der Mitte her die Zutaten zu einem glatten Teig verkneten, dabei die restliche Milch zugeben. Wenn der Teig klebt, noch etwas Mehl zufügen. Nochmals zugedeckt 30 Minuten gehen lassen.

3 Den Teig zusammenstoßen und kurz durchkneten. Aus dem Teig Rollen von 50 cm Länge und 1 1/2 cm Breite zu Brezeln formen. Die Enden mit verquirltem Eigelb bestreichen und andrücken.

4 Ein Backblech einfetten, die Brezeln auflegen und mit einem Küchentuch zugedeckt 10 Minuten gehen lassen. Danach im vorgeheizten Backofen bei 200 °C (Gas Stufe 3, Umluft 180 °C) etwa 15 Minuten backen. Herausnehmen und auskühlen lassen.

5 Das Puddingpulver mit der Speisestärke in etwas Milch glatt rühren. Den Zucker zufügen. Die restliche Milch zum Kochen bringen, das angerührte Puddingpulver einrühren, alles kurz aufwallen lassen, vom Herd nehmen, die Butter und die Sahne einrühren und auskühlen lassen. Mehrmals umrühren, damit sich keine Haut bilden kann.

6 Die Puddingmasse in einen Spritzbeutel mit Sterntülle füllen und in die Brezellücken spritzen. Den Puderzucker sieben, mit 2 Esslöffel Wasser verrühren und die Brezeln damit bestreichen.

Teig

250 ml lauwarme Milch
1 Würfel zimmerwarme Hefe (42 g)
600 g Mehl
125 g Zucker
4 zimmerwarme Eier (Größe L)
1 Prise Salz
125 g weiche Butter
100 g Sultaninen
50 g fein geschnittenes Zitronat
125 g gehackte Mandeln

Guss und Dekor

125 g Zucker
6 EL Rum
125 g Puderzucker

2 EL Zitronensaft
250 g frisches Beerenobst

Küchengeräte

evtl. Handrührer mit Knethaken
eingefettetes Backblech
kleines Sieb

Zeiten

Gehzeiten: 30, 30 Minuten
Ruhezeit: 6 Stunden
Backzeit: 15 Minuten
Ofentemperatur: 200 °C

Ergibt 10 Stück

Babas mit Rum

1 In die Milch die Hefe einbröckeln und mit der Hälfte des Mehls verrühren. Zugedeckt 1 Stunde an einen warmen Platz stellen.

2 Zucker und Eier in den Teig einrühren, das restliche Mehl und das Salz ebenfalls untermengen. Zuletzt die Butter zugeben und untermengen. Wenn der Teig klebt, noch etwas Mehl zufügen. Zugedeckt 30 Minuten gehen lassen.

3 Die Sultaninen waschen und abtropfen lassen. Den Teig zusammenstoßen, Sultaninen, Zitronat und Mandeln unterkneten. Den Teig zu einer Rolle formen und in 10 Stücke schneiden. Aus jedem Stück eine Kugel formen.

4 Ein Backblech einfetten, die Kugeln auflegen und 30 Minuten gehen lassen.

5 Im vorgeheizten Backofen bei 200 °C (Gas Stufe 3, Umluft 180 °C) etwa 15 Minuten backen. Zum Auskühlen auf ein Kuchengitter setzen und 6 Stunden ruhen lassen.

6 Den Zucker in einen Topf geben, 175 ml Wasser zugeben und einen Sirup kochen. Vom Herd nehmen, den Rum zufügen. Die Babas mit der Unterseite in den Sirup tauchen und mit der Unterseite nach oben auf ein Backbrett legen.

7 Puderzucker sieben und mit Zitronensaft verrühren, die Babas damit überziehen und mit der Unterseite nach oben auf einen Kuchenteller geben. Die Babas mit Beerenobst garnieren.

Teig

600 g Mehl
50 g zimmerwarme Hefe
80 g Zucker
200 ml lauwarme Milch
1 zimmerwarmes Ei (Größe L)
1 Prise Salz
250 g weiche Butter
1/2 TL abgeriebene Zitronenschale

Füllung

250 g Pflaumenmus

Außerdem

2 Eigelb zum Bestreichen

Küchengeräte

evtl. Handrührer mit Knethaken
Nudelholz | eingefettetes Backblech

Zeiten

Geh- und Ruhezeiten: 20, 45,
3 mal 10 Minuten
Backzeit: 25 Minuten
Ofentemperatur: 200 °C

Ergibt 12 Stück

Hahnenkämme

1 Das Mehl in eine Schüssel sieben, in die Mitte eine Vertiefung drücken. Die Hefe zerbröckeln, mit 1 Teelöffel Zucker in 100 ml Milch verrühren, in die Vertiefung gießen, etwas Mehl vom Rand zufügen und einen breiartigen Vorteig bereiten. Zugedeckt an einem warmen Ort 20 Minuten gehen lassen.

2 Auf dem Mehlrand den restlichen Zucker, Ei, Salz, 70 g Butter in Flöckchen und die Zitronenschale verteilen. Von der Mitte her die Zutaten verkneten, dabei die restliche Milch zugeben. Den Teig kräftig durchkneten, bis er sich vom Schüsselboden löst. Zugedeckt 45 Minuten gehen lassen.

3 Die restliche Butter auf Butterbrotpapier oder Klarsichtfolie geben, mit Klarsichtfolie abdecken und dünn zu einer Platte von 20 x 30 cm ausrollen und ca. 45 Minuten kalt stellen.

4 Den Teig auf der bemehlten Arbeitsfläche ausrollen, die Butterplatte in die Mitte legen, die Teigränder darüber schlagen, das Teigstück zu doppelter Größe ausrollen, Die linke Hälfte zur Mitte schlagen, die rechte Hälfte darüber legen. Den Teig 10 Minuten ruhen lassen. Den Vorgang noch zweimal wiederholen.

5 Aus dem ausgerollten Teig Rechtecke von 10 x 12 cm ausschneiden. In die Mitte jeweils 2 Teelöffel Pflaumenmus geben. Die Teighälften übereinander klappen und zusammendrücken.

6 Die gefüllten Teigstücke an der langen Seite im Abstand von jeweils 2 cm 1 cm tief einschneiden.

7 Das Eigelb mit 1 Esslöffel Wasser verrühren, die Hahnenkämme damit bestreichen. Dabei darauf achten, dass nichts an den Seiten entlangläuft, weil die Gebäckstücke sonst nicht plundrig werden.

8 Ein Backblech einfetten, die Hahnenkämme darauf geben und im vorgeheizten Backofen bei 200 °C (Gas Stufe 3, Umluft 180 °C) etwa 25 Minuten backen. Zum Auskühlen auf ein Kuchengitter setzen.

Teig

500 g Mehl
1 Würfel zimmerwarme Hefe (42 g)
80 g Zucker
200 ml lauwarme Milch
125 g weiche Butter
2 zimmerwarme Eigelb (Größe L)
1 Prise Salz

Füllung

200 g Pflaumenmus oder Konfitüre

Außerdem

Öl zum Ausbacken
Puderzucker zum Bestäuben

Küchengeräte

evtl. Handrührer mit Knethaken
Nudelholz | kleines Sieb
Fritteuse oder Topf zum Ausbacken

Zeiten

Gehzeiten: 15, 30, 10 Minuten

Ergibt ca. 16 Stück

Berliner (Faschingskrapfen)

1 Das Mehl in eine Schüssel sieben und in die Mitte eine Vertiefung drücken. Die Hefe zerbröckeln und mit 1 Teelöffel Zucker in etwas Milch verrühren, in die Vertiefung geben und etwas Mehl vom Rand einrühren, so dass ein Brei entsteht. Zugedeckt an einem warmen Ort 15 Minuten gehen lassen.

2 Auf dem Mehlrand die Butter in Flöckchen, das Eigelb, den restlichen Zucker und das Salz verteilen. Von der Mitte her die Zutaten zu einem glatten Teig verkneten, dabei die restliche Milch zufügen. Zugedeckt weitere 30 Minuten gehen lassen.

3 Den Teig auf der bemehlten Arbeitsfläche 1 cm dick ausrollen. Mit einem Glas oder Ausstecher Kreise von 8 bis 10 cm Durchmesser ausstechen. Bei der Hälfte der Teigstücke in die Mitte je 1 Teelöffel Pflaumenmus geben, dann die restlichen Teigstücke auflegen und die Ränder fest zusammendrücken. 10 Minuten gehen lassen.

4 Das Ausbackfett in einem Topf oder einer Fritteuse erhitzen (siehe Tipp). Das Fett sollte eine Temperatur um 160 bis 170 °C haben (Probe: Halten Sie einen Holzlöffelstiel ins Fett, wenn daran kleine Bläschen aufsteigen, ist die Temperatur richtig).

5 Geben Sie die Berliner portionsweise ins heiße Fett, so dass sie schwimmend ausbacken. Von jeder Seite ca. 4 Minuten goldbraun backen. Mit einem Schaumlöffel herausnehmen, auf Küchenpapier abtropfen lassen und mit Puderzucker bestäuben. Möglichst frisch verzehren.

Tipp: Die Menge des Ausbackfetts richtet sich nach dem Ausbacktopf. Es muss so viel Fett im Topf sein, dass die Gebäckstücke darin schwimmend und mit genügend Zwischenraum (damit sie nicht aneinander haften) ausgebacken werden können.

Variante: **Feurige Berliner** | *auf dem Foto links*

Aus 500 g Mehl, 42 g Hefe, 1/2 TL Zucker und 100 ml lauwarmer Milch wie in Schritt 1 einen Teig herstellen, 20 Minuten gehen lassen. 5 kleine Chilischoten, sehr fein gewürfelt, 5 Eigelb, 80 g Butterflocken, 1 Prise Salz und 100 ml Milch wie in Schritt 2 beschrieben mit dem Teig verkneten, 30 Minuten gehen lassen. Dann wie in den Schritten 3, 4 und 5 weiterverarbeiten, mit Sesam bestreuen.

Teig

500 g Mehl
30 g zimmerwarme Hefe
100 g Zucker
350 ml lauwarme Milch
80 g weiche Butter
1 Prise Salz
1/2 TL abgeriebene Zitronenschale

Außerdem

Öl zum Ausbacken
Puderzucker zum Bestäuben

Küchengeräte

evtl. Handrührer mit Knethaken
Fritteuse oder Topf zum Ausbacken
kleines Sieb

Zeiten

Gehzeiten: 20, 30 Minuten

Ergibt ca. 20 Stück

Prilleken | *Foto auf Seite 12*

1 Das Mehl in eine Schüssel sieben, in die Mitte eine Vertiefung drücken. Die Hefe zerbröckeln, mit 1 Teelöffel Zucker in etwas Milch verrühren, in die Vertiefung gießen, etwas Mehl vom Rand zugeben und einen breiartigen Vorteig bereiten. Zugedeckt 20 Minuten gehen lassen.

2 Auf dem Mehlrand den restlichen Zucker, die Butter in Flöckchen, Salz und die Zitronenschale verteilen. Von der Mitte her die Zutaten zu einem glatten Teig verkneten, dabei die restliche Milch zufügen. Wenn der Teig klebt, noch etwas Mehl zugeben. Aus dem Teig kleine Bällchen formen, etwas flach drücken und auf ein Holzbrett setzen. Zugedeckt 30 Minuten gehen lassen.

3 In einem Topf oder einer Fritteuse das Fett erhitzen. Um zu prüfen, ob die Temperatur stimmt (es müssen um die 160 bis 170 °C sein), hält man einen Holzlöffelstiel in das heiße Fett. Es müssen sich sofort zahlreiche kleine Bläschen bilden.

4 Die Gebäckstücke darin schwimmend und mit genügend Zwischenraum portionsweise goldbraun ausbacken. Mit einem Schaumlöffel herausnehmen und auf Küchenpapier abtropfen lassen. Dick mit Puderzucker bestäuben.

Teig

500 g Mehl
1 Würfel zimmerwarme Hefe (42 g)
50 g Zucker
250 ml lauwarme Milch
80 g weiche Butter
1 Prise Salz
1/2 TL abgeriebene Zitronenschale
3 zimmerwarme Eier (Größe L)
125 g Sultaninen

Außerdem

Butterschmalz zum Ausbacken
feinen Zucker zum Bestreuen

Küchengeräte

evtl. Handrührer mit Knethaken
Fritteuse oder Topf zum Ausbacken

Zeiten

Gehzeiten: 20, 30 Minuten

Ergibt ca. 20 Stück

Nonnenfürzchen | *Foto auf Seite 13*

1 Das Mehl in eine Schüssel sieben, in die Mitte eine Vertiefung drücken. Die Hefe zerbröckeln, mit 1 Teelöffel Zucker in etwas Milch verrühren, in die Vertiefung gießen. Etwas Mehl vom Rand einrühren und einen breiartigen Vorteig bereiten. Zugedeckt an einem warmen Ort 20 Minuten gehen lassen.

2 Auf dem Mehlrand den restlichen Zucker, die Butter in Flöckchen, Salz, Zitronenschale und die Eier verteilen. Von der Mitte her alles zu einem glatten Teig verkneten, dabei die restliche Milch zugeben. Wenn der Teig klebt, noch etwas Mehl zufügen. Die Sultaninen untermengen. Nochmals zugedeckt 30 Minuten gehen lassen.

3 In einem Topf oder einer Fritteuse das Butterschmalz auf ca. 160 bis 170 °C erhitzen. Um zu prüfen, ob die Temperatur stimmt, einen Holzlöffelstiel in das heiße Fett halten. Es müssen sich sofort zahlreiche kleine Bläschen daran bilden.

4 Vom Teig mit 2 Esslöffeln kleine Klößchen abstechen und diese schwimmend und mit genügend Zwischenraum im Fett portionsweise goldbraun ausbacken. Mit einem Schaumlöffel herausnehmen, auf Küchenpapier abtropfen lassen und mit Zucker bestreuen.

Teig

500 g Mehl
1 Würfel zimmerwarme Hefe (42 g)
2 EL Zucker
250 ml lauwarme Milch
80 g Butter
1 Prise Salz
2 Päckchen Vanillezucker
2 zimmerwarme Eier (Größe L)

Außerdem

Öl oder Butterschmalz zum Ausbacken
Zucker

Küchengeräte

evtl. Handrührer mit Knethaken
Fritteuse oder Topf zum Ausbacken

Zeiten

Gehzeiten: 20, 30, 10 Minuten

Ergibt ca. 10 Stück

Wachsstöckle

1 Das Mehl in eine Schüssel sieben, in die Mitte eine Vertiefung drücken. Die Hefe zerbröckeln und mit 1 Teelöffel Zucker in etwas Milch verrühren, in die Vertiefung gießen. Etwas Mehl vom Rand zugeben und einen breiartigen Vorteig bereiten. Zugedeckt an einem warmen Ort 20 Minuten gehen lassen.

2 Auf den Mehlrand den restlichen Zucker, die Butter in Flöckchen, Salz, Vanillezucker und Eier geben. Von der Mitte her die Zutaten zu einem glatten Teig verkneten, dabei die restliche Milch zufügen. Den Teig kräftig durchkneten, wenn er klebt, noch etwas Mehl zufügen. Zugedeckt 30 Minuten gehen lassen, danach nochmals durchkneten.

3 Aus dem Teig 1,5 cm dicke und 25 cm lange Rollen drehen, die Enden umeinander schlingen wie zu einem Knoten. 10 Minuten gehen lassen.

4 Das Ausbackfett auf ca. 160 bis 170 °C erhitzen. Um zu prüfen, ob die Temperatur stimmt, einen Holzlöffelstiel in das heiße Fett halten. Es müssen sich sofort zahlreiche kleine Bläschen daran bilden.

5 Die Wachsstöckle schwimmend und mit genügend Zwischenraum im Fett portionsweise goldbraun ausbacken. Mit einem Schaumlöffel herausnehmen, auf Küchenpapier abtropfen lassen und reichlich mit Zucker bestreuen.

Variante: Wenn Sie bei dem Teig den Vanillezucker weglassen und dafür die Zuckermenge auf 50 g erhöhen, erhalten Sie „Thüringer Kniekeulchen". Dafür den gegangenen Teig durchkneten, auf einer bemehlten Arbeitsfläche ausrollen und mit einem Glas Kreise ausstechen. Diese nochmals 10 Minuten gehen lassen. Die Teigkreise dann soweit ausziehen, bis in der Mitte eine dünne Stelle entsteht. Den Rand nach innen etwas einrollen. In einem Topf das Öl erhitzen, die Kniekeulchen hineingeben und schwimmend goldbraun backen. Herausnehmen, abtropfen lassen und dick mit Puderzucker bestäuben.

Zöpfe, Kränze, Napfkuchen & Stollen

Teig

300 g Mehl
25 g zimmerwarme Hefe
80 g Zucker
125 ml lauwarme Milch
1 Prise Salz
50 g weiche Butter

Füllung

250 g gehackte Mandeln
125 g Zucker
1 Päckchen Vanillezucker
50 g Korinthen
5 EL Sahne
2 EL Rum

Glasur und Dekor

200 g Puderzucker
2 EL Zitronensaft
kleine bunte Zuckereier

Küchengeräte

evtl. Handrührer mit Knethaken
Nudelholz
eingefettetes Backblech
kleines Sieb

Zeiten

Gehzeiten: 20, 30, 15 Minuten
Backzeit: 35 Minuten
Ofentemperatur: 200 °C

Ergibt 1 Kranz

Gefüllter Osterkranz

1 Das Mehl in eine Schüssel sieben und in die Mitte eine Vertiefung drücken. Die Hefe zerbröckeln, mit 1 Teelöffel Zucker in der Milch verrühren, in die Vertiefung gießen und etwas Mehl vom Rand einrühren. Zugedeckt 20 Minuten gehen lassen.

2 Von der Mitte her einen Teig kneten, dabei den restlichen Zucker, Salz und die Butter zugeben. So lange kneten, bis sich der Teig vom Schüsselboden löst. Wenn der Teig klebt, noch etwas Mehl zufügen. Zugedeckt nochmals 30 Minuten gehen lassen.

3 Den Teig zusammenstoßen, gut durchkneten und auf der bemehlten Arbeitsfläche zu einem Rechteck von 30 x 40 cm ausrollen.

4 Für die Füllung die Mandeln mit Zucker, Vanillezucker, gewaschenen, abgetropften Korinthen, Sahne und Rum vermischen. Die Masse auf den Teig streichen. Von der Längsseite her den Teig gleichmäßig aufrollen. Einen Kranz formen.

5 Das Backblech einfetten, den Kranz darauf geben. Den äußeren Kranzrand im Abstand von 2 cm einschneiden. Zugedeckt 15 Minuten gehen lassen.

6 Im vorgeheizten Backofen bei 200 °C (Gas Stufe 3, Umluft 180 °C) etwa 35 Minuten backen. Herausnehmen und auskühlen lassen.

7 Puderzucker sieben und mit Zitronensaft einen Guss rühren. Den Osterkranz damit glasieren. Mit Zuckereiern verzieren.

Teig

750 g Mehl | 50 g zimmerwarme Hefe
2 EL Zucker | 350 ml lauwarme Milch
1 TL abgeriebene Zitronenschale
6 zimmerwarme Eigelb (Größe L)
150 g weiche Butter | 1 Prise Salz

Füllung

500 g Quark | 200 g Schmand
200 g getrocknete geschnittene Aprikosen
30 g fein geschnittenes Zitronat
1 Päckchen Vanillezucker
3 EL Zucker
2 EL Vanille-Puddingpulver
3 Eigelb | 50 g zerbröselte
Löffelbiskuits | 1 EL Milch

Glasur und Dekor

150 g Aprikosenkonfitüre
3 EL Hagelzucker

Küchengeräte

evtl. Handrührer mit Knethaken
Nudelholz
eingefettetes Backblech

Zeiten

Gehzeiten: 20, 30, 10 Minuten
Backzeit: 40 Minuten
Ofentemperatur: 200 °C

Ergibt 1 Kranz

Hefekranz mit Quarkfüllung

1 Für den Teig das Mehl auf die Arbeitsfläche sieben, in die Mitte eine Vertiefung drücken. Die Hefe zerbröckeln, mit 1 Teelöffel Zucker in etwas Milch verrühren, in die Vertiefung gießen, etwas Mehl vom Rand einrühren und einen breiartigen Vorteig bereiten. 20 Minuten zugedeckt an einem warmen Ort gehen lassen.

2 Auf dem Mehlrand den restlichen Zucker, Zitronenschale, Eigelb, Butter und Salz verteilen. Von der Mitte her die Zutaten zu einem geschmeidigen Teig verkneten, dabei die restliche Milch zufügen. Wenn der Teig klebt, noch etwas Mehl zugeben. Nochmals 30 Minuten gehen lassen.

3 Das Wasser vom Quark abgießen. Den Quark portionsweise in ein Geschirrtuch füllen und durch Drehen des Tuchs das Wasser auspressen, bis der Quark bröcklig ist.

4 Für die Füllung den ausgepressten Quark mit Schmand, Aprikosen, Zitronat, Vanillezucker, Zucker, Puddingpulver und zwei Eigelb verrühren.

5 Den Hefeteig zusammenstoßen, durchkneten, auf der bemehlten Arbeitsfläche zu einem Rechteck von 60 x 40 cm ausrollen.

6 Die Biskuitbrösel auf den Teig streuen und die Quarkmasse aufstreichen, dabei einen Rand von 2 cm frei lassen. Das restliche Eigelb mit der Milch verrühren, die Teigränder damit bestreichen. Den Teig von der Längsseite aufrollen und zum Kranz formen.

7 Ein Backblech einfetten, den Kranz darauf geben, nochmals 10 Minuten gehen lassen. Im vorgeheizten Backofen bei 200 °C (Gas Stufe 3, Umluft 180 °C) etwa 40 Minuten backen, dann herausnehmen.

8 Die Konfitüre erwärmen, durch ein Sieb streichen. Den Kranz damit überziehen, mit Hagelzucker bestreuen und auf einem Kuchengitter auskühlen lassen.

Teig

500 g Mehl | 30 g zimmerwarme Hefe
80 g Zucker | 200 ml lauwarme Milch
1 Prise Salz
1 TL abgeriebene Zitronenschale
125 g weiche Butter
1 zimmerwarmes Ei (Größe L)

Füllung

2 EL ungemahlener Mohn
125 g Sultaninen
100 g zerkleinerte getrocknete Feigen
4 EL Rum
15 g geriebener frischer Ingwer
200 g gemahlene Mandeln
4 EL Zucker | 1/2 TL Zimt
1/2 TL Nelkenpulver
125 g Sahne
1 Eigelb (Größe L) | 2 EL Milch

Außerdem

200 g Puderzucker
2 EL Zitronensaft
50 g fein geschnittenes Orangeat

Küchengeräte

evtl. Handrührer mit Knethaken
Nudelholz
eingefettetes Backblech
kleines Sieb

Zeiten

Gehzeiten: 20, 30, 10 Minuten
Backzeit: 40 Minuten
Ofentemperatur: 200 °C

Ergibt 1 Kranz

Gewürzkranz

1 Für den Teig das Mehl in eine Schüssel sieben, in die Mitte eine Vertiefung drücken. Die Hefe zerbröckeln, mit 1 Teelöffel Zucker in etwas Milch verrühren, in die Vertiefung gießen, etwas Mehl vom Rand einrühren und einen Vorteig herstellen. Zugedeckt an einem warmen Ort 20 Minuten gehen lassen.

2 Auf dem Mehlrand den restlichen Zucker, Salz, Zitronenschale, Butter in Flöckchen und das Ei verteilen. Von der Mitte her die Zutaten zu einem geschmeidigen Teig verkneten, dabei die restliche Milch zufügen. Wenn der Teig klebt, noch etwas Mehl zugeben. Nochmals zugedeckt 30 Minuten gehen lassen.

3 Inzwischen die Füllung bereiten. Dafür den Mohn in einer trockenen Pfanne etwa 5 Minuten rösten, bis er duftet. Auskühlen lassen. Sultaninen und Feigen mit Rum beträufeln und mit Ingwer vermischen.

Mohn, Mandeln, Zucker, Zimt und Nelken mit der Sahne vermengen. Die Sultaninenmischung unterkneten.

4 Den Teig auf der bemehlten Arbeitsfläche zu einem Rechteck von 50 x 30 cm ausrollen. Die Füllung aufstreichen, dabei einen Rand von 2 cm lassen. Eigelb und Milch verquirlen, die Teigränder damit bestreichen. Den Teig von der Längsseite her aufrollen und zu einem Kranz formen.

5 Ein Backblech einfetten, den Kranz auflegen. Nochmals 10 Minuten gehen lassen. Den Kranz außen rundherum 2 cm tief einschneiden. Im vorgeheizten Backofen bei 200 °C (Gas Stufe 3, Umluft 180 °C) etwa 40 Minuten backen. Herausnehmen und auskühlen lassen. Den Puderzucker sieben und mit Zitronensaft verrühren. Den Kuchen damit glasieren und mit Orangeat verzieren.

Teig

500 g Mehl
1 Würfel zimmerwarme Hefe (42 g)
80 g Zucker
200 ml lauwarme Milch
2 zimmerwarme Eier (Größe L)
1 Prise Salz
100 g weiche Butter

Füllung

400 g Marzipanrohmasse
150 g Puderzucker
125 g gehackte Mandeln
4 EL Kirschwasser
1 Eigelb (Größe L)

Glasur

200 g Puderzucker
3 EL Zitronensaft

Küchengeräte

evtl. Handrührer mit Knethaken
Nudelholz
eingefettetes Backblech
kleines Sieb

Zeiten

Gehzeiten: 20, 30, 10 Minuten
Backzeit: 35 Minuten
Ofentemperatur: 200 °C

Ergibt 1 Zopf

Marzipanzopf

1 Das Mehl in eine Schüssel sieben, in die Mitte eine Vertiefung drücken. Die Hefe zerbröckeln, mit 1 Teelöffel Zucker in 100 ml Milch verrühren. In die Vertiefung gießen, etwas Mehl vom Rand zugeben und einen breiartigen Vorteig bereiten. Zugedeckt an einem warmen Ort 20 Minuten gehen lassen.

2 Den restlichen Zucker, Eier, Salz und Butter in Flöckchen auf dem Mehlrand verteilen. Von der Mitte her die Zutaten zu einem glatten, geschmeidigen Teig verkneten, dabei die restliche Milch zufügen. Wenn der Teig klebt, noch etwas Mehl zugeben. Zugedeckt 30 Minuten gehen lassen.

3 Für die Füllung das Marzipan zerkleinern. Puderzucker, Mandeln und Kirschwasser zum Marzipan geben und alles gut verkneten.

4 Den Teig durchkneten und in 3 Stücke teilen. Jedes Teigstück zu einem länglichen Rechteck ausrollen, mit der Marzipanmasse bestreichen und aufrollen. Die 3 Rollen nebeneinander legen und zu einem Zopf flechten.

5 Ein Backblech einfetten, den Zopf auflegen, mit verquirltem Eigelb bestreichen und 10 Minuten gehen lassen. Im vorgeheizten Backofen bei 200 °C (Gas Stufe 3, Umluft 180 °C) etwa 35 Minuten backen. Auf einem Kuchengitter auskühlen lassen.

6 Den Puderzucker in eine Schüssel sieben, mit dem Zitronensaft verrühren und den Zopf damit bestreichen.

Teig

1 kg Mehl
60 g zimmerwarme Hefe
125 g Zucker
500 ml lauwarme Buttermilch
150 g weiche Butter
1/2 TL Salz
2 TL abgeriebene Orangenschale
4 EL Weinbrand

Glasur

2 Eigelb (Größe L)
2 EL Milch

Küchengeräte

evtl. Handrührer mit Knethaken
eingefettetes Backblech

Zeiten

Gehzeiten: 30, 30, 10 Minuten
Backzeit: 35 Minuten
Ofentemperatur: 200 °C

Ergibt 1 Zopf

Milchzopf mit Orange | *Foto auf Seite 39*

1 Das Mehl in eine Schüssel sieben, in die Mitte eine Vertiefung drücken. Die Hefe zerbröckeln und mit etwas Zucker in die Vertiefung geben. ¼ Liter Buttermilch zugießen, Mehl vom Rand darüber geben und zu einem Brei verrühren. Zugedeckt an einem warmen 30 Minuten gehen lassen.

2 Butter, den restlichen Zucker, Salz, Orangenschale und Weinbrand zugeben und alles zu einem glatten Teig verkneten, dabei die restliche Buttermilch zufügen. Den Teig so lange kneten, bis er sich vom Schüsselrand löst. Wenn der Teig klebt, noch etwas Mehl zugeben. Zugedeckt 30 Minuten gehen lassen.

3 Den Teig auf der bemehlten Arbeitsfläche nochmals durchkneten und in drei gleich große Stücke teilen. Diese zu Rollen formen und daraus einen Zopf flechten.

4 Ein Backblech einfetten, den Zopf auflegen. Eigelb und Milch verrühren, den Zopf damit bestreichen und weitere 10 Minuten gehen lassen. Im vorgeheizten Backofen bei 200 °C (Gas: Stufe 3, Umluft 180 °C) etwa 35 Minuten backen. Auf einem Kuchengitter auskühlen lassen.

Teig

600 g Mehl
1 Würfel zimmerwarme Hefe (42 g)
80 g Zucker
300 ml lauwarme Milch
3 zimmerwarme Eigelb (Größe L)
150 g weiche Butter
1 Prise Salz

Dekor

2 Eigelb (Größe L)
100 g gehackte Mandeln

Küchengeräte

evtl. Handrührer mit Knethaken
eingefettetes Backblech

Zeiten

Gehzeiten: 20, 30, 10 Minuten
Backzeit: 35 Minuten
Ofentemperatur: 200 °C

Ergibt 1 Zopf

Traditioneller Osterzopf | *Foto auf Seite 38*

1 Das Mehl in eine Schüssel sieben, in die Mitte eine Vertiefung drücken. Die Hefe zerbröckeln, mit 1 Teelöffel Zucker in 125 ml Milch verrühren, in die Vertiefung gießen. Etwas Mehl vom Rand zugeben und einen breiartigen Vorteig bereiten. Zugedeckt an einem warmen Ort 20 Minuten gehen lassen.

2 Eigelb, Butter in Flöckchen, den restlichen Zucker und Salz auf dem Mehlrand verteilen, von der Mitte her die Zutaten verkneten, dabei die restliche Milch zufügen. Wenn der Teig klebt, noch etwas Mehl zugeben. Zugedeckt 30 Minuten gehen lassen.

3 Den Teig in 3 Stücke teilen, auf der bemehlten Arbeitsfläche zu gleichmäßigen Strängen rollen und zu einem Zopf flechten.

4 Ein Backblech einfetten. Den Zopf auflegen, mit verquirltem Eigelb bestreichen und mit Mandeln bestreuen. Zugedeckt 10 Minuten gehen lassen. Im vorgeheizten Backofen bei 200 °C (Gas Stufe 3, Umluft 180 °C) etwa 35 Minuten backen. Auf einem Kuchengitter auskühlen lassen.

Teig

250 g Sultaninen
4 EL Rum
500 g Mehl
1 Würfel zimmerwarme Hefe (42 g)
150 g Zucker
200 ml lauwarme Milch
200 g weiche Butter
4 zimmerwarme Eier (Größe L)
1 Prise Salz
50 g fein geschnittenes Zitronat
100 g gehackte Mandeln

Außerdem

100 g Butter
Puderzucker zum Bestäuben

Küchengeräte

evtl. Handrührer mit Knethaken
eingefettete
Napfkuchenform (24 cm Ø)
kleines Sieb

Zeiten

Gehzeiten: 20, 30, 10 Minuten
Backzeit: 50 Minuten
Ofentemperatur: 200 °C

Ergibt 1 Kuchen

Sächsische Bäbe

1 Die Sultaninen waschen, trocken tupfen, mit Rum beträufeln und stehen lassen.

2 Das Mehl in eine Schüssel sieben, in die Mitte eine Vertiefung drücken. Die Hefe zerbröckeln und mit 1 Teelöffel Zucker in 100 ml Milch verrühren. Etwas Mehl vom Rand zugeben und einen breiartigen Vorteig bereiten. Zugedeckt an einem warmen Ort 20 Minuten gehen lassen.

3 Den restlichen Zucker, Butter in Flöckchen, Eier und Salz auf dem Mehlrand verteilen. Von der Mitte her die Zutaten verkneten, dabei die restliche Milch zufügen. Die Sultaninen in Mehl wälzen und mit Zitronat und den Mandeln zum Teig geben und unterkneten. Wenn der Teig klebt, noch etwas Mehl zugeben. 30 Minuten gehen lassen.

4 Eine Napfkuchenform einfetten. Den Teig nochmals durchkneten, in die Form geben, weitere 10 Minuten gehen lassen. Im vorgeheizten Backofen bei 200 °C (Gas Stufe 3, Umluft 180 °C) etwa 50 Minuten backen. Herausnehmen, noch 10 Minuten in der Form lassen. Während dieser Zeit mit Butter bestreichen und mit Puderzucker bestäuben. Dann zum Auskühlen auf ein Kuchengitter setzen.

Teig

500 g Mehl
1 Würfel zimmerwarme Hefe (42 g)
125 g Zucker
250 ml lauwarme Milch
100 g weiche Butter
1 TL abgeriebene Zitronenschale
4 zimmerwarme Eier (Größe L)
1 EL Semmelbrösel

Glasur

125 g Zucker
125 ml Rum
1/2 TL abgeriebene Zitronenschale
125 g Aprikosenkonfitüre

125 g Sahne
2 TL Zucker
200 g geriebene Blockschokolade

Küchengeräte

evtl. Handrührer mit Knethaken
eingefettete
Napfkuchenform (24 cm Ø)

Zeiten

Gehzeiten: 20, 30 Minuten
Backzeit: 50 Minuten
Ofentemperatur: 200 °C

Ergibt 1 Kuchen

Gugelhupf mit Rumglasur

1 Das Mehl in eine Schüssel sieben, in die Mitte eine Vertiefung drücken. Die Hefe zerbröckeln, mit 1 Teelöffel Zucker in etwas Milch verrühren und in die Vertiefung gießen. Etwas Mehl vom Rand einrühren und einen Vorteig herstellen. Zugedeckt an einem warmen Ort 20 Minuten gehen lassen.

2 Den restlichen Zucker, Butter, Zitronenschale und Eier auf dem Mehlrand verteilen. Alles zu einem glatten, geschmeidigen Rührkuchenteig, der schwer vom Löffel fällt, verarbeiten, dabei die restliche Milch zugeben. Eine Napfkuchenform einfetten, mit Semmelbröseln ausstreuen, den Teig einfüllen und den Teig 30 Minuten gehen lassen.

3 Im vorgeheizten Backofen bei 200 °C (Gas Stufe 3, Umluft 180 °C) ca. 50 Minuten backen. Herausnehmen, noch 10 Minuten in der Form lassen, dann auf ein Kuchengitter setzen.

4 Für die Glasur den Zucker in 125 ml Wasser unter Rühren erhitzen, so dass sich der Zucker auflöst. Rum und Zitronenschale zufügen, den Kuchen damit begießen.

5 Die Aprikosenkonfitüre durch ein Sieb in einen kleinen Topf streichen, leicht erwärmen, den Kuchen damit bestreichen, Sahne und Zucker in einen Topf geben, leicht erhitzen, aber nicht zum Kochen bringen. Die Schokolade zufügen, glatt rühren und den Kuchen damit überziehen.

Teig

500 g Mehl
1 Würfel zimmerwarme Hefe (42 g)
150 g Zucker
200 ml lauwarme Milch
175 g abgetropfter Sahnequark
125 g weiche Butter
3 zimmerwarme Eier (Größe L)
150 g gehackte Walnüsse

Guss und Dekor

200 g Johannisbeergelee
250 g Puderzucker
2 EL Zitronensaft
einige Walnusshälften

Küchengeräte

evtl. Handrührer mit Knethaken
eingefettete
Napfkuchenform (24 cm Ø)
kleines Sieb

Zeiten

Gehzeiten: 20, 30 Minuten
Backzeit: 50 Minuten
Ofentemperatur: 200 °C

Ergibt 1 Kuchen

Walnusskuchen mit Zitronenglasur

1 Das Mehl in eine Schüssel sieben und in die Mitte eine Vertiefung drücken. Die Hefe zerbröckeln, mit 50 g Zucker in 100 ml Milch verrühren und in die Vertiefung gießen. Etwas Mehl vom Rand zugeben und einen breiartigen Vorteig bereiten. Zugedeckt an einem warmen Ort 20 Minuten gehen lassen.

2 Die restliche Milch mit dem Quark verrühren. Butter in Flöckchen, den restlichen Zucker, Eier und die Quark-Milch-Mischung auf dem Mehlrand verteilen. Von der Mitte her die Zutaten zu einem glatten Teig verkneten. Sollte der Teig kleben, noch etwas Mehl hinzugeben. Aber nicht zu viel, der Teig soll weich bleiben. Die Walnüsse einarbeiten. Eine Napfkuchenform einfetten, den Teig einfüllen und 30 Minuten gehen lassen.

3 Im vorgeheizten Backofen bei 200 °C (Gas Stufe 3, Umluft 180 °C) etwa 50 Minuten backen.

4 Den Kuchen 10 Minuten abkühlen lassen, dann aus der Form nehmen und auf ein Kuchengitter setzen. Das Johannisbeergelee erwärmen, den Gugelhupf damit bestreichen. Puderzucker sieben und mit 2 Esslöffeln Wasser oder Zitronensaft verrühren, den Kuchen damit glasieren und mit Walnusshälften dekorieren.

Teig

500 g Mehl
1 Würfel zimmerwarme Hefe (42 g)
100 g Zucker
250 ml lauwarme Milch
1 Prise Salz
1 TL abgeriebene Zitronenschale
50 g gemahlene Mandeln
100 g weiche Butter
1 zimmerwarmes Ei (Größe L)

Füllung

100 g weiche Butter
100 g fein geschnittenes Zitronat
100 g gehackte Mandeln
150 g Sultaninen
2 EL Zucker
1 Päckchen Vanillezucker
1/2 TL Zimt
1 Ei (Größe L)
4 EL Sahne

Dekor

Puderzucker

Küchengeräte

evtl. Handrührer mit Knethaken
Nudelholz
eingefettete
Napfkuchenform (24 cm Ø)
kleines Sieb

Zeiten

Gehzeiten: 30, 30, 10 Minuten
Backzeit: 50 Minuten
Ofentemperatur: 200 °C

Ergibt 1 Kuchen

Gefüllter Napfkuchen

1 Das Mehl in eine Schüssel sieben, in die Mitte eine Vertiefung drücken. Die Hefe zerbröckeln und mit 1 Teelöffel Zucker in 100 ml Milch verrühren, in die Vertiefung gießen, etwas Mehl vom Rand einrühren und einen breiartigen Vorteig bereiten. Zugedeckt an einem warmen Ort 30 Minuten gehen lassen.

2 Auf dem Mehlrand den restlichen Zucker, Salz, Zitronenschale, Mandeln, Butter in Flöckchen und das Ei verteilen. Von der Mitte her die Zutaten zu einem geschmeidigen Teig verkneten, dabei die restliche Milch zugeben. Sollte der Teig kleben, noch etwas Mehl zufügen. Zugedeckt nochmals 30 Minuten gehen lassen.

3 Den Teig auf einer bemehlten Fläche zu einem Rechteck von 40 x 50 cm ausrollen und mit Butter bestreichen. Zitronat, Mandeln, Sultaninen, Zucker, Vanillezucker, Zimt, Ei und Sahne gut miteinander vermischen und auf dem Teig verteilen. Den Teig von der langen Seite her aufrollen.

4 Eine Napfkuchenform einfetten, die Teigrolle hinein geben. Zugedeckt weitere 10 Minuten gehen lassen.

5 Im vorgeheizten Backofen bei 200 °C (Gas Stufe 3, Umluft 180 °C) etwa 50 Minuten backen. Herausnehmen, den Kuchen noch 10 Minuten in der Form lassen, dann zum Auskühlen auf ein Kuchengitter setzen. Mit Puderzucker bestäuben.

Teig

400 g Sultaninen
200 g Korinthen
6 EL Rum
750 g Mehl
80 g zimmerwarme Hefe
125 g Zucker
350 ml lauwarme Milch
125 g fein geschnittenes Zitronat
125 g fein geschnittenes Orangeat
2 Päckchen Vanillezucker
1 EL abgeriebene Zitronenschale
1/2 TL Salz
300 g weiches Butterschmalz
150 g gehackte Mandeln

Außerdem

200 g zerlassene Butter
3 EL Zucker
250 g Puderzucker

Küchengeräte

evtl. Handrührer mit Knethaken
eingefettetes Backblech
Backpinsel
kleines Sieb

Zeiten

Ziehzeit: 12 Stunden
Gehzeiten: 30, 60, 30 Minuten
Backzeit: 50 Minuten
Ofentemperatur: 200 °C

Ergibt 2 Stollen

Weihnachtsstollen Dresdner Art

1 Sultaninen und Korinthen waschen, abtropfen lassen, mit Rum begießen und über Nacht durchziehen lassen.

2 Am Backtag das Mehl in eine Schüssel sieben, in die Mitte eine Vertiefung drücken. Die Hefe zerbröckeln, mit 1 Teelöffel Zucker in 125 ml Milch verquirlen, in die Vertiefung gießen, etwas Mehl vom Rand einrühren und einen breiartigen Vorteig herstellen. Zugedeckt an einem warmen Ort 30 Minuten gehen lassen.

3 Zitronat und Orangeat mit dem restlichen Zucker, Vanillezucker, Zitronenschale, Salz, Butterschmalz in Flöckchen, Mandeln, Sultaninen und Korinthen auf dem Mehlrand verteilen. Von der Mitte her die Zutaten zu einem glatten und glänzenden Teig verkneten, dabei die restliche Milch einarbeiten. Zugedeckt an einem warmen Ort 60 Minuten gehen lassen.

4 Den Teig nochmals durchkneten und in 2 Teigstücke teilen. Die Teigstücke zu länglichen Broten formen, längs etwas einkerben und auf ein gefettetes, leicht bemehltes Backblech geben. Nochmals zugedeckt 30 Minuten gehen lassen.

5 Im vorgeheizten Backofen bei 200 °C (Gas: Stufe 3, Umluft 180 °C) etwa 50 Minuten backen. Herausnehmen und sofort mit der Hälfte der zerlassenen Butter bestreichen, mit Zucker bestreuen und mit der Hälfte des Puderzuckers besieben. Die restliche Butter darüber streichen und den restlichen Puderzucker darüber sieben. Dann auf einem Kuchengitter auskühlen lassen.

Teig

500 g Mehl
1 Würfel zimmerwarme Hefe (42 g)
100 g Zucker
250 ml lauwarme Milch
200 g weiche Butter
100 g gehackte Mandeln
1/2 TL abgeriebene Zitronenschale
1 Prise Salz

Füllung

250 g getrocknete Birnen
2 EL Rum
250 g gemahlener Mohn

Außerdem

100 g zerlassene Butter
150 g Puderzucker

Küchengeräte

evtl. Handrührer mit Knethaken
Nudelholz
eingefettetes Backblech
kleines Sieb

Zeiten

Gehzeiten:
Backzeit:
Ofentemperatur: 200 °C

Ergibt 1 Stollen

Mohnstollen mit Birnen | *Foto auf Seite 4*

1 Für den Teig das Mehl in eine Schüssel sieben, in die Mitte eine Vertiefung drücken. Die Hefe zerbröckeln, mit 1 Teelöffel Zucker in etwas Milch verrühren, in die Vertiefung geben, etwas Mehl vom Rand dazu geben und einen breiartigen Vorteig bereiten. Zugedeckt an einem warmen Ort 20 Minuten gehen lassen.

2 Auf dem Mehlrand den restlichen Zucker, Butter in Stückchen, Mandeln, Zitronenschale und Salz verteilen. Von der Mitte her die Zutaten zu einem geschmeidigen Teig verkneten, dabei die restliche Milch zugeben. Sollte der Teig kleben, noch etwas Mehl zufügen. Zugedeckt 30 Minuten gehen lassen.

3 Die Birnen 15 Minuten in lauwarmem Wasser einweichen, ausdrücken, klein schneiden und mit Rum beträufeln. Mit dem Mohn vermischen.

4 Den Teig durchkneten, auf der bemehlten Arbeitsfläche zu einem Rechteck ausrollen. Die Mohnmischung aufstreichen, den Teig aufrollen, die Ränder festdrücken. Den Teig in Stollenform bringen und nochmals 15 Minuten gehen lassen.

5 Ein Backblech einfetten, den Mohnstollen darauflegen, im vorgeheizten Backofen bei 200 °C (Gas: Stufe 3, Umluft 180 °C) etwa 50 Minuten backen. Herausnehmen, mit Butter bestreichen und mit Puderzucker bestäuben, dann auf einem Kuchengitter auskühlen lassen.

Teig
700 g Mehl
50 g zimmerwarme Hefe
100 g Zucker
250 ml lauwarme Milch
125 g weiche Butter
100 g Butterschmalz
3 zimmerwarme Eier (Größe L)
225 g gemahlene Mandeln,
darunter 4 bittere
1 TL abgeriebene Orangenschale
75 g fein geschnittenes Zitronat und
75 g fein geschnittenes Orangeat
1 kräftige Prise Salz

Außerdem
150 g zerlassene Butter
150 g Puderzucker

Küchengeräte
evtl. Handrührer mit Knethaken
eingefettetes Backblech
feines Sieb

Zeiten
Gehzeiten: 20, 60, 20 Minuten
Backzeit: 50 Minuten
Ofentemperatur: 200 °C

Ergibt 1 Stollen

Mandelstollen | *Foto auf Seite 4*

1 Das Mehl in eine Schüssel sieben, in die Mitte eine Vertiefung drücken. Die Hefe zerbröckeln und mit 1 Teelöffel Zucker in 125 ml Milch verquirlen, in die Vertiefung gießen, etwas Mehl vom Rand einrühren und einen breiartigen Vorteig herstellen. Zugedeckt 20 Minuten an einen warmen Platz stellen.

2 Auf dem Mehlrand den restlichen Zucker, Butter und Butterschmalz in Flöckchen, Eier, Mandeln, Orangenschale, Zitronat, Orangeat und Salz verteilen. Die Zutaten von der Mitte her zu einem glatten, geschmeidigen Teig verkneten, dabei die restliche Milch zufügen. Sollte der Teig kleben, noch etwas Mehl zufügen. Zugedeckt nochmals 1 Stunde an einem warmen Ort gehen lassen.

3 Den Teig mit bemehlten Händen nochmals durchkneten. Ein Backblech einfetten, den Stollen darauflegen. 20 Minuten gehen lassen. Im vorgeheizten Backofen bei 200 °C (Gas: Stufe 3, Umluft 180 °C) etwa 50 Minuten backen. Herausnehmen, mit Butter bestreichen und mit Puderzucker bestäuben, dann auf einem Kuchengitter auskühlen lassen.

Blechkuchen

Teig

500 g Mehl
1 Würfel zimmerwarme Hefe (42 g)
100 g Zucker
250 ml lauwarme Milch
80 g weiche Butter
1 zimmerwarmes Ei (Größe L)
1 Prise Salz
50 g gemahlene Mandeln
1 TL abgeriebene Zitronenschale

Belag

250 g Butter
250 g Zucker
250 g Mandelblättchen
2 EL Milch

Füllung

1 Päckchen Vanille-Puddingpulver
1 EL Speisestärke
4 EL Zucker
500 ml Milch
6 EL Kaffeesahne
2-3 EL Eierlikör
250 g Sahne

Küchengeräte

evtl. Handrührer mit Knethaken
Nudelholz
eingefettetes Backblech

Zeiten

Gehzeiten: 20, 30, 10 Minuten
Backzeit: 30 Minuten
Ofentemperatur: 200 °C

Ergibt 1 Blech

Gefüllter Bienenstich

1 Das Mehl in eine Schüssel sieben, in die Mitte eine Vertiefung drücken. Die Hefe zerbröckeln, mit 1 Teelöffel Zucker in etwas Milch verrühren, in die Vertiefung gießen. Etwas Mehl vom Rand einrühren und einen breiartigen Vorteig bereiten. Zugedeckt an einem warmen Ort 20 Minuten gehen lassen.

2 Auf dem Mehlrand den restlichen Zucker, Butter in Flöckchen, Ei, Salz, Mandeln und Zitronenschale verteilen. Von der Mitte her die Zutaten zu einem glatten Teig verkneten, dabei die restliche Milch zugeben. Wenn der Teig klebt, noch etwas Mehl zufügen. Nochmals zugedeckt an einem warmen Ort 30 Minuten gehen lassen.

3 Ein Backblech einfetten. Den Teig auf der bemehlten Arbeitsfläche ausrollen, auf das Backblech legen. Den Teig mit einer Gabel mehrmals einstechen, damit sich keine Bläschen bilden.

4 Für den Belag die Butter zerlassen, Zucker und Mandeln zugeben, alles vermischen. Die Milch unterrühren. Die Masse auf den Teig geben und glatt streichen. Zugedeckt an einem warmen Ort 10 Minuten gehen lassen.

5 Im vorgeheizten Backofen bei 200 °C (Gas Stufe 3, Umluft 180 °C) etwa 30 Minuten backen. Herausnehmen und abkühlen lassen.

6 Das Puddingpulver mit der Speisestärke vermischen und mit Zucker und Milch den Pudding nach Packungsanweisung zubereiten, auskühlen lassen. Kaffeesahne und Eierlikör verrühren und in den Pudding einrühren. Die Sahne steif schlagen und unterheben. Den ausgekühlten Bienenstich waagerecht durchschneiden, die Unterseite mit der Puddingmasse bestreichen, dann den Kuchen zusammensetzen.

Teig

100 g Sultaninen (nach Belieben)
3 EL Rum (nach Belieben)
30 g zimmerwarme Hefe
70 g Zucker
250 ml lauwarme Milch
500 g Mehl
1 Prise Salz
100 g weiche Butter

Streusel

250 g Zucker
250 g Mehl
250 g Butterschmalz
1 EL Kakao

Außerdem

100 g zerlassene Butter

Küchengeräte

evtl. Handrührer mit Knethaken
Nudelholz
eingefettetes Backblech

Zeiten

Gehzeiten: 20, 30, 10 Minuten
Backzeit: 30 Minuten
Ofentemperatur: 200 °C

Ergibt 1 Blech

Streuselkuchen

1 Die Sultaninen waschen, mit Rum begießen und zugedeckt ziehen lassen.

2 Die Hefe zerbröckeln, mit 1 Teelöffel Zucker in 125 ml Milch verquirlen. Das Mehl in eine Schüssel sieben und in die Mitte eine Vertiefung drücken. Die Hefemilch hineingießen, etwas Mehl vom Rand dazugeben und einen breiartigen Vorteig herstellen. Zugedeckt an einem warmen Platz 20 Minuten gehen lassen.

3 Auf dem Mehlrand den restlichen Zucker, Salz, Butter in Flöckchen und die Sultaninen verteilen. Die Zutaten von der Mitte her verkneten, dabei die restliche Milch zugeben. Der Teig muss weich bleiben. Zugedeckt an einem warmen Ort 30 Minuten gehen lassen.

4 Den Teig zusammenstoßen, durchkneten und auf der bemehlten Arbeitsfläche ausrollen.

5 Ein Backblech einfetten, den Teig darauf geben, einen Rand hochziehen, den Teig mit einer Gabel mehrmals einstechen.

6 Für die Streusel Zucker, das gesiebte Mehl und Butterschmalz mit den Händen oder mit zwei Gabeln zu Streuseln vermengen. Die Hälfte der Streusel mit dem Kakao verarbeiten. Die weißen und braunen Streusel auf dem Teig verteilen und den Kuchen zugedeckt weitere 10 Minuten an einem warmen Platz gehen lassen.

7 Im vorgeheizten Backofen bei 200 °C (Gas Stufe 3, Umluft 180 °C) etwa 30 Minuten backen. Herausnehmen und noch warm mit der zerlassenen Butter beträufeln.

Teig

300 g Mehl
20 g zimmerwarme Hefe
3 EL Zucker
125 ml lauwarme Milch
1 Prise Salz
1 zimmerwarmes Ei (Größe L)
60 g weiches Butterschmalz
1/2 TL abgeriebene Zitronenschale

Belag

250 g Aprikosenkonfitüre

Streusel

200 g Mehl
180 g Zucker
1 Päckchen Vanillezucker
1/2 TL Zimt
200 g Butter

Guss

150 g Puderzucker

Küchengeräte

evtl. Handrührer mit Knethaken
Nudelholz
eingefettetes Backblech
Backpinsel
kleines Sieb

Zeiten

Gehzeiten: 20, 30, 10 Minuten
Backzeit: 30 Minuten
Ofentemperatur: 200 °C

Ergibt 1 Blech

Prasselkuchen

1 Das Mehl in eine Schüssel sieben und in die Mitte eine Vertiefung drücken. Die Hefe zerbröckeln, mit 1 Teelöffel Zucker in der Milch verrühren und in die Vertiefung gießen. Etwas Mehl vom Rand unterrühren und einen breiartigen Vorteig herstellen. Zugedeckt an einen warmen Ort stellen und 20 Minuten gehen lassen.

2 Salz, Ei, Butterschmalz in Flöckchen, den restlichen Zucker und Zitronenschale auf dem Mehlrand verteilen. Die Zutaten von der Mitte her zu einem glatten Teig verkneten. Sollte er kleben, noch etwas Mehl zufügen. Zugedeckt an einem warmen Ort 30 Minuten gehen lassen.

3 Das Backblech einfetten. Den Teig zusammenstoßen, durchkneten, auf der bemehlten Arbeitsfläche ausrollen und auf das Backblech geben. Mehrmals mit einer Gabel einstechen und einen Rand hochziehen.

4 Die Aprikosenkonfitüre durch ein Sieb streichen und auf den Teig streichen.

5 Für die Streusel Mehl, Zucker, Vanillezucker und Zimt vermischen. Die Butter in Flöckchen dazugeben. Mit den Händen oder mit zwei Gabeln die Zutaten zu Streuseln verarbeiten und auf die Aprikosenkonfitüre streuen. Zugedeckt an einem warmen Ort 10 Minuten gehen lassen.

6 Im vorgeheizten Backofen bei 200 °C (Gas Stufe 3, Umluft 180 °C) etwa 30 Minuten backen. Für die Glasur den Puderzucker sieben und mit 2 Esslöffeln Wasser (alternativ Zitronen- oder Orangensaft) verrühren. Den Kuchen noch heiß mit der Glasur überziehen.

Teig

500 g Mehl
30 g zimmerwarme Hefe
100 g Zucker
200 ml lauwarme Milch
1 zimmerwarmes Ei (Größe L)
125 g weiche Butter
1 TL abgeriebene Zitronenschale

Füllung

125 g Sultaninen
50 g Korinthen
80 g weiche Butter
3 EL Zucker
2 Päckchen Vanillezucker
200 g gehackte Mandeln

Außerdem

Milch zum Bestreichen
2 EL Johannisbeergelee

Glasur (nach Belieben)

150 g Puderzucker, gesiebt
2 EL Zitronensaft oder Wasser

Küchengeräte

evtl. Handrührer mit Knethaken
Nudelholz
eingefettetes Backblech
Backpinsel
kleines Sieb

Zeiten

Gehzeiten: 20, 30, 10 Minuten
Backzeit: 30 Minuten
Ofentemperatur: 200 °C

Ergibt 1 Blech

Rosenkuchen

1 Das Mehl in eine Schüssel sieben, in die Mitte eine Vertiefung drücken. Die Hefe zerbröckeln, mit 1 Teelöffel Zucker in 100 ml Milch verquirlen, in die Vertiefung gießen, etwas Mehl vom Rand zufügen und einen breiartigen Vorteig herstellen. Zugedeckt an einem warmen Ort 20 Minuten gehen lassen.

2 Den restlichen Zucker, Ei, Butter in Flöckchen und Zitronenschale auf den Mehlrand geben. Von der Mitte her die Zutaten verkneten, dabei die restliche Milch zugeben. Solange kneten, bis sich der Teig vom Schüsselboden löst. Sollte er kleben, noch etwas Mehl zufügen. Zugedeckt an einem warmen Ort 30 Minuten gehen lassen.

3 Für die Füllung Sultaninen und Korinthen waschen und abtropfen lassen.

4 Den Teig durchkneten, auf der bemehlten Arbeitsfläche zu einem Rechteck von etwa 50 x 30 cm ausrollen und mit Butter bestreichen. Zucker, Vanillezucker, Mandeln, Sultaninen und Korinthen darauf verteilen. Die Teigplatte gleichmäßig von der Längsseite her aufrollen. Die Teigrolle in 1,5 cm dicke Scheiben schneiden.

5 Ein Backblech einfetten. Die Teigrollen mit der Schnittfläche nach oben aneinander setzen und mit Milch bestreichen. Zugedeckt 10 Minuten gehen lassen. Im vorgeheizten Backofen bei 200 °C (Gas Stufe 3, Umluft 180 °C) etwa 30 Minuten backen. Herausnehmen und mit erwärmtem Johannisbeergelee bestreichen.

6 Nach Belieben kann der Rosenkuchen noch mit Glasur überzogen werden: Dafür den Puderzucker mit Wasser oder Zitronensaft verrühren und den Kuchen damit bestreichen.

Teig

450 g Mehl
30 g zimmerwarme Hefe
125 g Zucker
175 ml lauwarme Milch
80 g weiche Butter
20 g weiches Butterschmalz
1 zimmerwarmes Ei (Größe L)
1 TL abgeriebene Zitronenschale

Belag

250 g Butter
250 g Zucker
300 g gehackte Haselnüsse
6 EL Milch
2 Eier (Größe L)

Guss und Dekor

125 g Sahne
4 EL Honig
400 g zartbittere Kuvertüre
Kakao zum Bestäuben

Küchengeräte

evtl. Handrührer mit Knethaken
Nudelholz
eingefettetes Backblech
Backpinsel
kleines Sieb

Zeiten

Gehzeiten: 20, 30, 10 Minuten
Backzeit: 30 Minuten
Ofentemperatur: 200 °C

Ergibt 1 Blech

Schoko-Haselnusskuchen

1 Das Mehl in eine Schüssel sieben, in die Mitte eine Vertiefung drücken. Die Hefe zerbröckeln, mit 1 Teelöffel Zucker in der Milch verrühren, in die Vertiefung gießen, etwas Mehl vom Rand zugeben und einen breiartigen Vorteig herstellen. Zugedeckt an einem warmen Ort 20 Minuten gehen lassen.

2 Den restlichen Zucker, Butter und Butterschmalz in Flöckchen, Ei und Zitronenschale auf dem Mehlrand verteilen. Von der Mitte her die Zutaten zu einem glatten Teig verkneten. Sollte der Teig kleben, noch etwas Mehl zufügen. Zugedeckt an einem warmen Ort 30 Minuten gehen lassen.

3 Für den Belag die Butter zerlassen, den Zucker einrühren, leicht erwärmen und rühren, bis er sich aufgelöst hat. Vom Herd nehmen. Haselnüsse, Milch und Eier unterrühren.

4 Ein Backblech einfetten. Den Teig durchkneten, auf der bemehlten Arbeitsfläche ausrollen, auf das Backblech legen, einen Rand hochziehen, den Teig mit einer Gabel mehrmals einstechen. Den Nussbelag aufstreichen. Zugedeckt an einem warmen Ort 10 Minuten gehen lassen.

5 Im vorgeheizten Backofen bei 200 °C (Gas Stufe 3, Umluft 180 °C) etwa 30 Minuten backen. Herausnehmen und auskühlen lassen.

6 Für den Guss die Sahne in einen Topf geben, aufkochen lassen, den Honig unterrühren und auskühlen lassen. Die gehackte Kuvertüre im Wasserbad schmelzen, lauwarm zur Sahne geben und unterrühren. Den ausgekühlten Kuchen damit bestreichen und mit Kakao bestäuben.

Teig

125 g Sultaninen
2 EL Rum
200 g Kartoffeln (mehlig kochend)
400 g Mehl
1 Würfel zimmerwarme Hefe (42 g)
100 g Zucker
250 ml lauwarme Milch
125 g weiche Butter
1 Prise Salz
1 TL abgeriebene Zitronenschale
1 TL fein geschnittenes Zitronat
1 zimmerwarmes Ei (Größe L)

Außerdem

100 g zerlassene Butter
4 EL Zimtzucker

Küchengeräte

Kartoffelpresse oder Stampfer
evtl. Handrührer mit Knethaken
Nudelholz
eingefettetes Backblech
Backpinsel

Zeiten

Gehzeiten: 20, 30, 10 Minuten
Backzeit: 25 Minuten
Ofentemperatur: 200 °C

Ergibt 1 Blech

Kartoffelkuchen mit Zimt & Zucker

1 Die Sultaninen mit Rum begießen und bis zur Verwendung zugedeckt ziehen lassen.

2 Die Kartoffeln in der Schale kochen, pellen und durch die Kartoffelpresse drücken.

3 Das Mehl in eine Schüssel sieben, in die Mitte eine Vertiefung drücken. Die Hefe zerbröckeln, mit 1 Teelöffel Zucker in 125 ml Milch verrühren, in die Vertiefung gießen, etwas Mehl darüber geben und einen breiartigen Vorteig bereiten. Zugedeckt an einem warmen Ort 20 Minuten gehen lassen.

4 Mit dem restlichen Zucker, der Kartoffelmasse, Butter, Salz, Zitronenschale, Zitronat, Ei und Sultaninen zu einem glatten, geschmeidigen Teig verkneten, dabei die restliche Milch zufügen. Sollte der Teig kleben, noch etwas Mehl zugeben. Zugedeckt 30 Minuten an einem warmen Ort gehen lassen.

5 Den Teig nochmals durchkneten. Auf der bemehlten Arbeitsfläche ausrollen. Ein Backblech einfetten, den Teig auflegen und zugedeckt an einem warmen Ort weitere 10 Minuten gehen lassen. Im vorgeheizten Backofen bei 200 °C (Gas Stufe 3, Umluft 180 °C) etwa 25 Minuten backen. Herausnehmen, sofort mit Butter bestreichen und mit Zimtzucker bestreuen.

Teig
500 g Mehl
30 g zimmerwarme Hefe
100 g Zucker
250 ml lauwarme Milch
80 g weiche Butter
1 Prise Salz
1 zimmerwarmes Ei (Größe L)
2 Päckchen Vanillezucker

Belag
300 g Erdbeerkonfitüre
250 g weiche Butter
250 g Zucker
100 g Weichweizengrieß
200 g gemahlene Mandeln
2 Tropfen Bittermandelöl
1 Prise Salz
4 Eier (Größe L)

Dekor
Puderzucker

Küchengeräte
evtl. Handrührer mit Knethaken
Nudelholz
eingefettetes Backblech
kleines Sieb

Zeiten
Gehzeiten: 20, 30, 5 Minuten
Backzeit: 30 Minuten
Ofentemperatur: 200 °C

Ergibt 1 Blech

Makronenkuchen | *Foto auf Seite 62*

1 Das Mehl in eine Schüssel sieben, in die Mitte eine Vertiefung drücken. Die Hefe zerbröckeln, mit 1 Teelöffel Zucker in etwas Milch verrühren, in die Vertiefung gießen, etwas Mehl vom Rand zugeben und einen breiartigen Vorteig bereiten. Zugedeckt an einem warmen Ort 20 Minuten gehen lassen.

2 Den restlichen Zucker, Butter in Flöckchen, Salz, Ei und Vanillezucker auf dem Mehlrand verteilen. Von der Mitte her die Zutaten zu einem glatten Teig verkneten, dabei die restliche Milch zufügen. Sollte der Teig kleben, noch etwas Mehl zugeben. Zugedeckt an einem warmen Ort 30 Minuten gehen lassen.

3 Den Teig durchkneten, auf der bemehlten Arbeitsfläche ausrollen. Ein Backblech einfetten, den Teig auflegen, einen Rand hochziehen, den Teig mit einer Gabel mehrmals einstechen.

4 Die Konfitüre aufstreichen. Die Butter mit dem Zucker schaumig schlagen. Grieß, Mandeln, Bittermandelöl, Salz und Eier unterrühren. Die Masse auf den Teig geben und glatt streichen. Noch 5 Minuten zugedeckt gehen lassen. Im vorgeheizten Backofen bei 200 °C (Gas Stufe 3, Umluft 180 °C) etwa 30 Minuten backen. Herausnehmen, auskühlen lassen und mit Puderzucker bestäuben.

Teig
500 g Mehl
1 Würfel zimmerwarme Hefe (42 g)
125 g Zucker
250 ml lauwarme Milch
150 g weiche Butter
1 Päckchen Vanillezucker
1 Prise Salz

Belag
1 kg Quark
150 g Butter
300 g Zucker
8 Eier (Größe L)
1 Päckchen Vanille-Puddingpulver
1/2 TL abgeriebene Zitronenschale

1 Prise Salz
2 EL geriebene Mandeln
1 EL Speisestärke
3 EL Weinbrand

Küchengeräte
evtl. Handrührer mit Knethaken
Nudelholz
eingefettetes Backblech

Zeiten
Gehzeiten: 20, 30, 5 Minuten
Backzeit: 40 Minuten
Ofentemperatur: 200 °C

Ergibt 1 Blech

Dresdner Eierschecke | *Foto auf Seite 63*

1 Das Mehl in eine Schüssel sieben, in die Mitte eine Vertiefung drücken. Die Hefe zerbröckeln und mit 1 Teelöffel Zucker in 125 ml Milch verrühren, in die Vertiefung gießen, etwas Mehl vom Rand dazugeben und einen breiartigen Vorteig herstellen. Zugedeckt an einem warmen Ort 20 Minuten gehen lassen.

2 Den restlichen Zucker, Butter in Flöckchen, Vanillezucker und Salz auf den Mehlrand geben, von der Mitte her die Zutaten verkneten, dabei die restliche Milch zufügen. Sollte der Teig kleben, noch etwas Mehl zugeben. Zugedeckt an einem warmen Ort 30 Minuten gehen lassen.

3 Den Teig durchkneten und auf der bemehlten Arbeitsfläche ausrollen. Ein Backblech einfetten, den Teig auflegen und einen Rand hochziehen. Den Teig mit einer Gabel mehrmals einstechen.

4 Das Wasser vom Quark abgießen, den Quark in einem Sieb abtropfen lassen. Für den Belag 100 g Butter schaumig schlagen, nach und nach 200 g Zucker, 3 Eier, abgetropften Quark, Puddingpulver, Zitronenschale, Salz und Mandeln untermischen. Die Masse auf den Teig streichen.

5 Die Speisestärke mit dem restlichen Zucker, 5 Eiern und der restlichen Butter verrühren. Den Weinbrand zugeben. Die Masse im heißen Wasserbad so lange schlagen, bis sie dickcremig ist. Die Creme auf der Quarkmasse verteilen. 5 Minuten zugedeckt gehen lassen, dann im vorgeheizten Backofen bei 180 °C (Gas Stufe 2, Umluft 180 °C) etwa 40 Minuten backen. Die Oberhitze reduzieren, damit die Eiercreme nicht zu dunkel wird.

Teig

500 g Mehl
35 g zimmerwarme Hefe
80 g Zucker
250 ml lauwarme Milch
1 Prise Salz
1 zimmerwarmes Ei (Größe L)
80 g weiche Butter

Belag

150g Sultaninen (nach Belieben)
3 EL Weinbrand (nach Belieben)
100 g weiche Butter
200 g Zucker
3 Eier (Größe L)
1 kg abgetropfter Quark
1 Päckchen Vanille-Puddingpulver
100 ml Milch
1 Prise Salz
1/2 TL abgeriebene Zitronenschale

Streusel

200 g Mehl
180 g kalte Butter
180 g Zucker

Küchengeräte

evtl. Handrührer mit Knethaken
Nudelholz
eingefettetes Backblech

Zeiten

Gehzeiten: 20, 30, 5 Minuten
Backzeit: 40 Minuten
Ofentemperatur: 200 °C

Ergibt 1 Blech

Käsekuchen mit Streuseln

1 Das Mehl in eine Schüssel sieben, in die Mitte eine Vertiefung drücken. Die Hefe zerbröckeln und mit 1 Teelöffel Zucker in 125 ml Milch verquirlen, in die Vertiefung gießen, etwas Mehl vom Rand zugeben und einen breiartigen Vorteig bereiten. Zugedeckt an einem warmen Ort 20 Minuten gehen lassen.

2 Den restlichen Zucker, Salz, Ei und Butter in Flöckchen auf den Mehlrand geben. Alles gut verkneten, dabei die restliche Milch einarbeiten. Sollte der Teig kleben, noch etwas Mehl zufügen. Zugedeckt an einem warmen Ort 30 Minuten gehen lassen.

3 Für den Belag die Sultaninen mit dem Weinbrand beträufeln und beiseite stellen. Die Butter in eine Schüssel geben und mit Zucker und Eiern cremig rühren. Nach und nach den abgetropften Quark, Puddingpulver, Milch, Salz, Zitronenschale und die Weinbrandsultaninen untermischen.

4 Für die Streusel das Mehl in eine Schüssel sieben, die Butter in Flöckchen und den Zucker zugeben und mit 2 Gabeln oder mit den Fingern Streusel herstellen.

5 Ein Backblech einfetten. Den Teig zusammenstoßen, auf der bemehlten Arbeitsfläche ausrollen, auf das Backblech geben, einen hohen Rand hochziehen. Den Teig mit einer Gabel mehrmals einstechen.

6 Die Quarkmasse aufstreichen und mit den Streuseln bestreuen. 5 Minuten zugedeckt gehen lassen. Im vorgeheizten Backofen bei 200 °C (Gas Stufe 3, Umluft 180 °C) etwa 40 Minuten backen. Herausnehmen und auskühlen lassen.

Teig

400 g Mehl | 30 g zimmerwarme Hefe
100 g Zucker | 200 ml lauwarme Milch
100 g weiche Butter
1 zimmerwarmes Ei (Größe L)
1 Prise Salz
1 TL abgeriebene Zitronenschale
1 EL gemahlene Mandeln

Belag

nach Belieben 150 g Rosinen
und 4 EL Rum
1/2 Päckchen Vanille-Puddingpulver
3 EL Zucker | 200 ml Milch | 8 EL Sahne
175 g abgetropfter Sahnequark
100 g Creme fraîche | 2 Eigelb (Größe L)
1 TL abgeriebene Zitronenschale

2 kg Äpfel | Saft von 1 Zitrone
100 g gehackte Mandeln

Außerdem

100 g Butter | 2 EL Zucker

Küchengeräte

evtl. Handrührer mit Knethaken
Nudelholz
eingefettetes Backblech

Zeiten

Gehzeiten: 20, 30, 5 Minuten
Backzeit: 35 Minuten
Ofentemperatur: 200 °C

Ergibt 1 Blech

Apfelkuchen mit Vanillepudding

1 Das Mehl in eine Schüssel sieben, in die Mitte eine Vertiefung drücken. Die Hefe zerbröckeln, mit 1 Teelöffel Zucker in 100 ml Milch verquirlen, in die Vertiefung gießen, etwas Mehl vom Rand dazugeben und einen breiartigen Vorteig herstellen. Zugedeckt an einem warmen Platz 20 Minuten gehen lassen.

2 Den restlichen Zucker, Butter in Flöckchen, Ei, Salz, Zitronenschale und Mandeln auf dem Mehlrand verteilen. Die Zutaten von der Mitte her zu einem glatten und geschmeidigen Teig verkneten, dabei die restliche Milch zufügen. Zugedeckt an einem warmen Platz 30 Minuten gehen lassen.

3 Für den Belag Rosinen waschen, abtropfen lassen und mit dem Rum beträufeln. Puddingpulver mit Zucker in etwas kalter Milch verrühren. Die restliche Milch mit der Sahne zum Kochen bringen, das angerührte Puddingpulver einrühren, aufwallen und 2 Minuten kochen lassen, vom Herd nehmen und auskühlen lassen. Dabei ab und zu umrühren, damit sich keine Haut bildet.

4 Quark und Creme fraîche mit Eigelb, Zitronenschale und Pudding verrühren. Die Äpfel schälen, in Spalten schneiden, das Kernhaus entfernen. Mit Zitronensaft beträufeln.

5 Den Teig zusammenstoßen, durchkneten und auf der bemehlten Arbeitsfläche ausrollen. Ein Backblech einfetten, den Teig auflegen, einen Rand hochziehen. Den Teig mit einer Gabel mehrmals einstechen.

6 Die Quarkmasse aufstreichen, die Apfelspalten dicht verteilen. Mit Rosinen und Mandeln bestreuen. Butterflöckchen aufsetzen, den Zucker aufstreuen. Zugedeckt 5 Minuten gehen lassen. Im vorgeheizten Backofen bei 200 °C (Gas Stufe 3, Umluft 180 °C) etwa 35 Minuten backen. Herausnehmen und auskühlen lassen.

Teig

450 g Mehl
1 Würfel zimmerwarme Hefe (42 g)
80 g Zucker
250 ml lauwarme Milch
100 g weiche Butter
1 zimmerwarmes Ei (Größe L)
1 Prise Salz
1 TL abgeriebene Zitronenschale
1 Prise Muskat
50 g gemahlene Mandeln

Belag

3 Gläser Sauerkirschen (à 680 g)

Streusel

200 g Mehl
200 g Zucker
225 g kaltes Butterschmalz

50 g gemahlene Mandeln
1/2 TL Zimt
1 Prise Salz

Außerdem

Zucker

Küchengeräte

evtl. Handrührer mit Knethaken
Nudelholz
eingefettetes Backblech

Zeiten

Gehzeiten: 20, 30, 5 Minuten
Backzeit: 30 Minuten
Ofentemperatur: 200 °C

Ergibt 1 Blech

Kirschkuchen mit Streuseln

1 Das Mehl in eine Schüssel sieben, in die Mitte eine Vertiefung drücken. Die Hefe zerbröckeln, mit 1 Teelöffel Zucker in 125 ml Milch verrühren und in die Vertiefung geben. Etwas Mehl vom Rand zugeben und einen breiartigen Vorteig bereiten. Zugedeckt an einem warmen Ort 20 Minuten gehen lassen.

2 Den restlichen Zucker, Butter in Flöckchen, Ei, Salz, Zitronenschale, Muskat und Mandeln auf dem Mehlrand verteilen und von der Mitte her alle Zutaten miteinander verkneten, dabei die restliche Milch zufügen. Sollte der Teig kleben, noch etwas Mehl zugeben. Zugedeckt an einem warmen Ort 30 Minuten gehen lassen.

3 Ein Backblech einfetten. Die Kirschen abtropfen lassen. Den Teig nochmals durchkneten, auf der bemehlten Arbeitsfläche ausrollen und auf das Backblech geben, einen Rand hochziehen. Den Teig mit einer Gabel mehrmals einstechen und mit den abgetropften Kirschen belegen.

4 Aus Mehl, Zucker, Butterschmalz, Mandeln, Zimt und Salz Streusel kneten und auf die Kirschen streuen. Zugedeckt 5 Minuten gehen lassen. Im vorgeheizten Backofen bei 200 °C (Gas Stufe 3, Umluft 180 °C) etwa 30 Minuten backen. Herausnehmen und sofort mit Zucker bestreuen.

Teig

350 g Mehl
25 g zimmerwarme Hefe
100 g Zucker
170 ml lauwarme Milch
1 Prise Salz
100 g weiche Butter
1 zimmerwarmes Ei (Größe L)
1/2 TL abgeriebene Zitronenschale
1 Prise Muskat
1 EL gehackte Mandeln

Belag

2 kg Zwetschgen
100 ml Leinöl
5 EL Zucker

Küchengeräte

evtl. Handrührer mit Knethaken
Nudelholz
eingefettetes Backblech

Zeiten

Gehzeiten: 20, 30, 5 Minuten
Backzeit: 25 Minuten
Ofentemperatur: 200 °C

Ergibt 1 Blech

Zwetschgenkuchen mit Leinöl

1 Das Mehl in eine Schüssel sieben und in die Mitte eine Vertiefung drücken. Die Hefe zerbröckeln, mit 1 Teelöffel Zucker in 100 ml Milch verquirlen, in die Vertiefung gießen, etwas Mehl vom Rand einrühren und einen breiartigen Vorteig bereiten. Zugedeckt an einem warmen Ort 20 Minuten gehen lassen.

2 Den restlichen Zucker, Salz, Butter in Flöckchen, Ei, Zitronenschale, Muskat und Mandeln auf dem Mehlrand verteilen. Die Zutaten von der Mitte her zu einem glatten Teig verkneten, dabei die restliche Milch zugeben. Sollte der Teig kleben, noch etwas Mehl zufügen. Zugedeckt an einem warmen Ort 30 Minuten gehen lassen.

3 Den Teig zusammenstoßen, durchkneten und auf der bemehlten Arbeitsfläche ausrollen. Ein Backblech einfetten, den Teig darauf geben und einen Rand hochziehen. Den Teig mit einer Gabel mehrmals einstechen.

4 Die Zwetschgen waschen, halbieren, entsteinen, oben jeweils etwas einschneiden und auf dem Teig verteilen. Das Leinöl darüber geben. Noch 5 Minuten zugedeckt an einem warmen Ort gehen lassen.

5 Im vorgeheizten Backofen bei 200 °C (Gas Stufe 3, Umluft 180 °C) etwa 25 Minuten backen. Herausnehmen und noch warm mit Zucker bestreuen.

Variante: Wer anstelle von Leinöl lieber Streusel mag, vermengt je 200 g Butter, Zucker und Mehl zu Streuseln und verteilt sie auf den Zwetschgen. Anschließend etwa 30 Minuten im vorgeheizten Backofen bei 200 °C backen. Herausnehmen und auskühlen lassen.

Zutaten

Teig

300 g Mehl | 25 g zimmerwarme Hefe
100 g Zucker | 125 ml lauwarme Milch
100 g weiche Butter
1 zimmerwarmes Ei (Größe L)
1 Prise Salz

Belag

500 ml Milch | 125 g Butter
200 g Zucker | 2 EL Weichweizengrieß
1 Prise Salz | 500 g gemahlener Mohn
150 g Sultaninen
150 g gehackte Mandeln

Guss

1/2 Päckchen Vanille-Puddingpulver
3 EL Zucker | 250 ml Milch

2 EL Sahne | 50 g Butter
3 Eier (Größe L)

Außerdem

Puderzucker

Küchengeräte

evtl. Handrührer mit Knethaken
Nudelholz
eingefettetes Backblech | kleines Sieb

Zeiten

Gehzeiten: 20, 30 Minuten
Backzeit: 35 Minuten
Ofentemperatur: 200 °C

Ergibt 1 Blech

Mohnkuchen mit Puddingguss

1 Das Mehl in eine Schüssel sieben, in die Mitte eine Vertiefung drücken. Die Hefe zerbröckeln, mit 1 Teelöffel Zucker in der Milch verrühren, in die Vertiefung gießen, etwas Mehl vom Rand dazugeben, einen breiartigen Vorteig rühren. Zugedeckt an einem warmen Ort 20 Minuten gehen lassen.

2 Den restlichen Zucker, Butter in Flöckchen, Ei und Salz auf dem Mehlrand verteilen. Alles gut verkneten. Sollte der Teig kleben, noch etwas Mehl zufügen. Zugedeckt an einem warmen Ort 30 Minuten gehen lassen.

3 Für den Belag die Milch in einem Topf mit Butter und Zucker erhitzen. Grieß, Salz und Mohn zugeben und 5 Minuten bei kleiner Hitze quellen lassen, dann vom Herd nehmen.

4 Die Sultaninen waschen, trocknen und mit den Mandeln in die Mohnmasse rühren. Auskühlen lassen.

5 Den Teig zusammenstoßen, durchkneten und auf der bemehlten Arbeitsfläche ausrollen. Ein Backblech einfetten, den Teig darauf geben, einen Rand hochziehen. Den Teig mit einer Gabel mehrmals einstechen. Die Mohnmasse auf dem Teig verteilen.

6 Das Puddingpulver mit dem Zucker in der Milch glatt rühren, Sahne und Butter zufügen. Alles unter Rühren zum Kochen bringen, aufwallen und 2 Minuten kochen lassen, vom Herd nehmen und etwas auskühlen lassen. Mehrmals umrühren, damit sich keine Haut bildet.

7 Die Eier trennen. Das Eigelb unter die Puddingmasse rühren. Das Eiweiß steif schlagen und unter die Puddingmasse heben. Die Puddingmasse auf dem Mohnbelag verteilen und glatt streichen. Im vorgeheizten Backofen bei 200 °C (Gas Stufe 3, Umluft 180 °C) etwa 35 Minuten backen. Darauf achten, dass die Decke nicht zu dunkel wird, eventuell mit Alufolie abdecken. Herausnehmen und den abgekühlten Mohnkuchen mit Puderzucker bestäuben.

Teig

450 g Mehl
30 g zimmerwarme Hefe
100 g Zucker
200 ml lauwarme Milch
1 zimmerwarmes Ei (Größe L)
1 TL abgeriebene Zitronenschale
50 g weiche Butter

Belag

200 g gehackte Walnusskerne
125 g gemahlene Haselnüsse
125 g Zucker
250 g Schmand
1 EL Speisestärke
1 Päckchen Vanillezucker
2 EL Honig
80 g Butter

Guss

250 g Puderzucker
2 EL Zitronensaft
30 g weiche Butter

Küchengeräte

evtl. Handrührer mit Knethaken
Nudelholz
eingefettetes Backblech
kleines Sieb

Zeiten

Gehzeiten: 20, 30, 5 Minuten
Backzeit: 25 Minuten
Ofentemperatur: 200 °C

Ergibt 1 Blech

Walnusskuchen

1 Das Mehl in eine Schüssel sieben, in die Mitte eine Vertiefung drücken. Die Hefe zerbröckeln, mit 1 Teelöffel Zucker in 100 ml Milch verrühren, in die Vertiefung gießen, etwas Mehl vom Rand zufügen und zu einem breiartigen Vorteig verrühren. Zugedeckt an einem warmen Ort 20 Minuten gehen lassen.

2 Den restlichen Zucker, Ei, Zitronenschale und die Butter in Flöckchen auf dem Mehlrand verteilen. Von der Mitte her die Zutaten zu einem glatten, geschmeidigen Teig verkneten, dabei die restliche Milch zufügen. Sollte der Teig kleben, noch etwas Mehl zufügen. Zugedeckt an einem warmen Ort 30 Minuten gehen lassen.

3 Inzwischen die Walnusskerne mit Haselnüssen und Zucker mischen. Den Schmand mit Speisestärke, Vanillezucker und Honig verrühren.

4 Den Teig durchkneten und auf der bemehlten Arbeitsfläche ausrollen. Ein Backblech einfetten. Den Teig auflegen, einen Rand hochziehen. Den Teig mit einer Gabel mehrmals einstechen. Den Schmand aufstreichen und die Nussmischung aufstreuen. Butterflöckchen aufsetzen. Zugedeckt an einem warmen Ort 5 Minuten gehen lassen. Im vorgeheizten Backofen bei 200 °C (Gas Stufe 3, Umluft 180 °C) etwa 25 Minuten backen.

5 Den Kuchen herausnehmen. Den Puderzucker sieben, mit Zitronensaft und Butter verrühren und den lauwarmen Kuchen damit überziehen.

Variante: Der Kuchen schmeckt auch gut mit einem Guss aus Aprikosenkonfitüre. Dafür streicht man 300 g Aprikosenkonfitüre durch ein Sieb, erwärmt sie leicht und vermischt sie mit 6 Esslöffeln Rum.

Pikantes Hefegebäck

Teig

500 g Mehl
1 Würfel zimmerwarme Hefe (42 g)
1 TL Zucker
knapp 250 ml lauwarme Milch
1/2 TL Salz
2 TL Kümmel
80 g weiche Butter
1 zimmerwarmes Ei (Größe L)

Außerdem

2 Eigelb (Größe L)
Reibekäse
Kümmel

Küchengeräte

evtl. Handrührer mit Knethaken
Nudelholz
eingefettetes Backblech

Zeiten

Gehzeiten: 20, 30, 15 Minuten
Backzeit: 15 Minuten
Ofentemperatur: 200 °C

Ergibt 12 Hörnchen

Käsehörnchen mit Kümmel

1 Das Mehl in eine Schüssel sieben, in die Mitte eine Vertiefung drücken. Die Hefe zerbröckeln und mit dem Zucker in 100 ml Milch verrühren, in die Vertiefung gießen, etwas Mehl vom Rand dazugeben und einen breiartigen Vorteig rühren. Zugedeckt an einem warmen Ort 20 Minuten gehen lassen.

2 Salz, Kümmel, Butter in Flöckchen und das Ei auf dem Mehlrand verteilen. Die Zutaten von der Mitte her zu einem glatten, geschmeidigen Teig verkneten, dabei die restliche Milch zugeben. Sollte der Teig kleben, noch etwas Mehl zufügen. Zugedeckt an einem warmen Ort 30 Minuten gehen lassen.

3 Ein Backblech einfetten. Den Teig zusammenstoßen, durchkneten und auf der bemehlten Arbeitsfläche ausrollen. 10 x 10 cm große Quadrate ausschneiden, von einer Ecke her aufrollen, zu Hörnchen formen und auf das Backblech legen. Leicht mit Mehl bestäuben und nochmals 15 Minuten gehen lassen.

4 Die Hörnchen mit verquirltem Eigelb bestreichen und mit Reibekäse und Kümmel bestreuen. Zugedeckt 10 Minuten gehen lassen. Im vorgeheizten Backofen bei 200 °C (Gas Stufe 3, Umluft 180 °C) etwa 15 Minuten backen. Sofort servieren oder auf einem Kuchengitter abkühlen lassen.

Teig

2 Zwiebeln
2 Knoblauchzehen
1 Bund Schnittlauch
1 Bund Petersilie
500 g Mehl
1 Würfel zimmerwarme Hefe (42 g)
250 ml lauwarme Milch
100 g weiche Butter
1 TL Salz
1TL gemahlener Kümmel
1 TL gerebelter Majoran

Außerdem

2 Eigelb (Größe L)
Salz
Kümmel

Küchengeräte

evtl. Handrührer mit Knethaken
Nudelholz
eingefettetes Backblech

Zeiten

Gehzeiten: 20, 30, 5 Minuten
Backzeit: 20 Minuten
Ofentemperatur: 200 °C

Ergibt 12 Hörnchen

Würzige Kräuterhörnchen

1 Zwiebeln und Knoblauch pellen und sehr fein schneiden. Schnittlauch und Petersilie waschen, trocknen und fein schneiden.

2 Das Mehl in eine Schüssel sieben, in die Mitte eine Vertiefung drücken. Die Hefe zerbröckeln, in 125 ml Milch verrühren, in die Vertiefung gießen, etwas Mehl vom Rand dazugeben und einen breiartigen Vorteig rühren. Sollte der Teig kleben, noch etwas Mehl zugeben. Zugedeckt an einem warmen Ort 20 Minuten gehen lassen.

3 Butter in Flöckchen, Salz, Kümmel, Majoran, Zwiebeln, Knoblauch und Kräuter auf dem Mehlrand verteilen. Die Zutaten von der Mitte her zu einem glatten, geschmeidigen Teig verkneten, dabei die restliche Milch zufügen. Zugedeckt an einem warmen 30 Minuten gehen lassen.

4 Den Teig zusammenstoßen, durchkneten und auf der bemehlten Arbeitsfläche ausrollen. Quadrate von ca. 12 x 12 cm ausschneiden, von einer Ecke her aufrollen und zu Hörnchen formen. Mit verquirltem Eigelb bestreichen und mit Salz und Kümmel bestreuen.

5 Ein Backblech einfetten, die Hörnchen auflegen und zugedeckt 5 Minuten an einem warmen Ort gehen lassen. Im vorgeheizten Backofen bei 200 °C (Gas Stufe 3, Umluft 180 °) etwa 20 Minuten backen. Diese Hörnchen schmecken am besten frisch aus dem Ofen. Aber auch ausgekühlt (dafür auf ein Kuchengitter setzen) sind sie ein Genuss.

Teig

500 g Mehl
1 Würfel zimmerwarme Hefe (42 g)
1/2 TL Zucker
250 ml lauwarme Milch
1/2 TL Salz
1 zimmerwarmes Ei (Größe L)
60 g weiches Butterschmalz

Belag

500 g durchwachsener Speck
500 g Zwiebeln
1 EL Kümmel
400 g Schmand
4 Eier (Größe L)

Küchengeräte

evtl. Handrührer mit Knethaken
Quirl
Nudelholz
eingefettetes Backblech

Zeiten

Gehzeiten: 20, 30, 5 Minuten
Backzeit: 30 Minuten
Ofentemperatur: 200 °C

Ergibt 1 Blech

Speckkuchen mit Schmand

1 Das Mehl in eine Schüssel sieben und in die Mitte eine Vertiefung drücken. Die Hefe zerbröckeln, mit dem Zucker in 125 ml Milch verrühren und in die Vertiefung gießen. Etwas Mehl vom Rand hineingeben und einen breiartigen Vorteig herstellen. Zugedeckt an einem warmen Ort 20 Minuten gehen lassen.

2 Salz, Ei und Butterschmalz in Flöckchen auf dem Mehlrand verteilen. Von der Mitte her alles zu einem glatten Teig verkneten, dabei die restliche Milch zufügen. Sollte der Teig kleben, noch etwas Mehl zugeben. Zugedeckt an einem warmen Ort 30 Minuten gehen lassen.

3 Für den Belag den Speck in kleine Würfel schneiden. Die Zwiebeln schälen, fein würfeln und mit Speck und Kümmel vermischen.

4 Ein Backblech einfetten. Den Teig zusammenstoßen und durchkneten, auf der bemehlten Arbeitsfläche ausrollen, auf das Backblech legen und einen Rand hochziehen. Den Teig mit einer Gabel mehrmals einstechen. Die Speckmischung auf dem Teig verteilen.

5 Schmand und Eier verquirlen und über die Speckmischung geben. Zugedeckt 5 Minuten gehen lassen. Im vorgeheizten Backofen bei 200 °C (Gas Stufe 3, Umluft 180 °C) etwa 30 Minuten backen. Speckkuchen schmeckt am besten, wenn er frisch aus dem Ofen kommt.

Teig

500 g Mehl
1 Würfel zimmerwarme Hefe (42 g)
1/2 TL Zucker
250 ml lauwarme Milch
Salz
100 g weiche Butter

Belag

4 Bund Schnittlauch
200 g Salami
200 g Schinkenspeck
3 Eier (Größe L)
400 g saure Sahne
Salz

Küchengeräte

evtl. Handrührer mit Knethaken
Quirl
Nudelholz
eingefettetes Backblech

Zeiten

Gehzeiten: 20, 30, 5 Minuten
Backzeit: 35 Minuten
Ofentemperatur: 200 °C

Ergibt 1 Blech

Schnittlauchkuchen | *Foto auf Seite 90*

1 Das Mehl in eine Schüssel sieben, in die Mitte eine Vertiefung drücken. Die Hefe zerbröckeln, mit dem Zucker in 125 ml Milch verrühren und in die Vertiefung gießen. Etwas Mehl vom Rand hineingeben und einen breiartigen Vorteig herstellen. Zugedeckt an einem warmen Ort 20 Minuten gehen lassen.

2 1/2 Teelöffel Salz und die Butter in Flöckchen auf dem Mehlrand verteilen. Die Zutaten von der Mitte her zu einem glatten Teig verkneten, dabei die restliche Milch zugeben. Sollte der Teig kleben, noch etwas Mehl zufügen. Zugedeckt 30 Minuten gehen lassen.

3 Den Teig zusammenstoßen, durchkneten und auf der bemehlten Arbeitsfläche ausrollen Ein Backblech einfetten, den Teig auflegen und einen Rand hochziehen. Den Teig mit einer Gabel mehrmals einstechen.

4 Den Schnittlauch waschen, abtropfen lassen, in kleine Röllchen schneiden. Salami und Schinkenspeck in kleine Würfel schneiden und mit dem Schnittlauch auf dem Teig verteilen. Das Wasser aus der sauren Sahne abgießen. Die Eier mit der sauren Sahne und einer Prise Salz verquirlen und über den Teig ziehen. Zugedeckt 5 Minuten gehen lassen. Im vorgeheizten Backofen bei 200 °C (Gas Stufe 3, Umluft 180 °C) etwa 35 Minuten backen. Herausnehmen und noch ofenwarm servieren. Der Schnittlauchkuchen kann aber auch kalt gegessen werden.

Teig

500 g Mehl
1 Würfel zimmerwarme Hefe (42 g)
1/2 TL Zucker
250 ml lauwarme Milch
80 g weiche Butter
1 TL Salz
1 zimmerwarmes Ei (Größe L)

Belag

250 g durchwachsener Speck
1 kg Zwiebeln
3 EL Öl
400 g Schmand
4 Eier (Größe L)

30 g Speisestärke
1 EL Kümmel
Salz
frisch gemahlener schwarzer Pfeffer

Küchengeräte

evtl. Handrührer mit Knethaken
Nudelholz
eingefettetes Backblech

Zeiten

Gehzeiten: 20, 30, 5 Minuten
Backzeit: 35 Minuten
Ofentemperatur: 200 °C

Ergibt 1 Blech

Zwiebelkuchen | *Foto auf Seite 91*

1 Das Mehl in eine Schüssel sieben, in die Mitte eine Vertiefung drücken. Die Hefe zerbröckeln, mit Zucker in 125 ml Milch verrühren, in die Vertiefung gießen, etwas Mehl vom Rand dazugeben und einen breiartigen Vorteig herstellen. Zugedeckt an einem warmen Ort 20 Minuten gehen lassen.

2 Die Butter in Flöckchen, Salz und Ei auf den Mehlrand geben. Von der Mitte her die Zutaten zu einem glatten Teig verkneten, dabei die restliche Milch zufügen. Sollte der Teig kleben, noch etwas Mehl zufügen. Zugedeckt an einem warmen Ort 30 Minuten gehen lassen.

3 Inzwischen den Speck in kleine Würfel schneiden. Die Zwiebeln schälen und in feine Ringe schneiden. In einer Pfanne das Öl erhitzen, Speck und Zwiebeln hineingeben und 5 Minuten dünsten. Danach auskühlen lassen.

4 Schmand, Eier, Speisestärke und Kümmel verrühren und mit Salz und Pfeffer abschmecken.

5 Den Teig zusammenstoßen, durchkneten und auf der bemehlten Arbeitsfläche ausrollen. Ein Backblech einfetten den Teig darauf geben, einen Rand hochziehen, den Teig mit einer Gabel mehrmals einstechen und mit der Speck-Zwiebel-Mischung belegen. Die Schmandmasse darüber geben. Zugedeckt noch 5 Minuten gehen lassen. Den Zwiebelkuchen im vorgeheizten Backofen bei 200 °C (Gas Stufe 3, Umluft 180 °C) etwa 35 Minuten backen. Der Kuchen schmeckt am besten frisch aus dem Ofen, aber auch kalt ist er ein Genuss.

Teig

500 g Mehl
30 g zimmerwarme Hefe
1 Prise Zucker
250 ml lauwarme Milch
100 g weiche Butter
1 zimmerwarmes Ei (Größe L)
1/2 TL Salz
2 EL gehackte Schalotten

Belag

2 kg Spinat
Salz
60 g Butter
2 EL fein geschnittene Schalotten
2 fein gehackte Knoblauchzehen
frisch gemahlener weißer Pfeffer
1 Prise Muskat
400 g zerkleinerte Knackwurst

Außerdem

4 Eier (Größe L)
500 g Sahne
Salz
Pfeffer
2 Eiweiß
125 g geriebener Käse

Küchengeräte

evtl. Handrührer mit Knethaken
Nudelholz
eingefettetes Backblech

Zeiten

Gehzeiten: 20, 30 Minuten
Backzeit: 10, 25 Minuten
Ofentemperatur: 200 °C

Ergibt 1 Blech

Spinatkuchen

1 Das Mehl in eine Schüssel sieben, in die Mitte eine Vertiefung drücken. Die Hefe zerbröckeln und mit dem Zucker in etwas Milch verrühren, in die Vertiefung gießen. Etwas Mehl vom Rand einrühren, einen breiartigen Vorteig herstellen und zugedeckt 20 Minuten an einem warmen Ort gehen lassen.

2 Butter in Flöckchen, Ei, Salz und Schalotten auf dem Mehlrand verteilen. Von der Mitte her alle Zutaten zu einem glatten Teig verkneten, dabei die restliche Milch zufügen. Sollte der Teig kleben, noch etwas Mehl zugeben. Nochmals zugedeckt an einem warmen Ort 30 Minuten gehen lassen.

3 Den Spinat waschen, Stiele entfernen, die Spinatblätter in Salzwasser blanchieren (kurz kochen), dann sofort in Eiswasser abschrecken und gut ausdrücken.

4 Den Teig durchkneten und auf der bemehlten Arbeitsfläche ausrollen. Ein Backblech einfetten. Den Teig auflegen, einen Rand hochziehen und den Teig mit einer Gabel mehrmals einstechen. Im vorgeheizten Backofen bei 200 °C (Gas Stufe 3, Umluft 180 °C) 10 Minuten vorbacken.

5 Die Butter erhitzen, Schalotten und Knoblauch zugeben und glasig werden lassen. Salz, Pfeffer und Muskat zugeben, dann den Spinat zufügen und durchschwenken. Alles auf dem vorgebackenen Teigboden verteilen und mit der Wurst belegen.

6 Eier und Sahne verrühren und mit Salz und Pfeffer würzen. Eiweiß steif schlagen und unter die Eiersahne heben. Diese auf dem Spinat verteilen, den geriebenen Käse darauf streuen und den Spinatkuchen noch weitere 25 Minuten backen. Herausnehmen und sofort servieren.

Teig

500 g Mehl
1 Würfel zimmerwarme Hefe (42 g)
1/2 TL Zucker
250 ml lauwarme Milch
2 Zwiebeln
150 g durchwachsener Speck
1 TL Salz
100 g weiches Butterschmalz
1 zimmerwarmes Ei (Größe L)

Belag

300 g gegarter Kasslerbraten
300 g saure Sahne (Flott)
1 Bund gehackte Petersilie

Harzer Tatar

500 g Harzer Käse
3 EL gehackte Schalotten
125 g weiche Butter
4 Eigelb (Größe L)
150 g Schmand
2 klein geschnittene Tomaten
4 EL gehackte Kräuter (Bärlauch oder
Schnittlauch)

Küchengeräte

evtl. Handrührer mit Knethaken
Nudelholz
eingefettetes Backblech

Zeiten

Gehzeiten: 20, 30 Minuten
Backzeit: 30 Minuten
Ofentemperatur: 200 °C

Ergibt 1 Blech

Harzer Flottkuchen

1 Das Mehl in eine Schüssel sieben, in die Mitte eine Vertiefung drücken. Die Hefe zerbröckeln, mit dem Zucker in etwas Milch verrühren und in die Vertiefung gießen. Etwas Mehl vom Rand einrühren und einen breiartigen Vorteig bereiten. Zugedeckt an einen warmen Ort 20 Minuten gehen lassen.

2 Die Zwiebeln pellen und klein schneiden. Den Speck in kleine Würfel schneiden. Den Speck in eine Pfanne ohne Fett geben und auslassen. Die Zwiebeln zufügen und goldgelb braten. Vom Herd nehmen, auskühlen lassen.

3 Salz, Butterschmalz in Flöckchen, Ei und die Speck-Zwiebel-Mischung auf dem Mehlrand verteilen. Von der Mitte her alle Zutaten zu einem glatten Teig verkneten, dabei die restliche Milch zufügen. Zugedeckt an einem warmen Ort 30 Minuten gehen lassen.

4 Ein Backblech einfetten. Den Teig durchkneten, auf der bemehlten Arbeitsfläche ausrollen und auf das Backblech legen, einen Rand hochziehen. Den Teig mit einer Gabel mehrmals einstechen.

5 Den Kassler in kleine Würfel schneiden, auf dem Teig verteilen, die Sahne darüber geben. Sofort im vorgeheizten Backofen bei 200 °C (Gas Stufe 3, Umluft 180 °C) etwa 30 Minuten backen.

6 Für das Tatar den Harzer zerkleinern und mit den übrigen Zutaten vermischen. Den Flottkuchen aus dem Ofen nehmen, mit Petersilie bestreuen und warm mit Tatar servieren.

Teig

400 g Mehl
30 g zimmerwarme Hefe
1/2 TL Zucker
200 ml lauwarme Milch
1 zimmerwarmes Ei (Größe L)
100 g weiche Butter
1/2 TL Salz

Belag

500 g Schnittkäse
1 kg Porree
300 g Champignons
40 g Butter
Salz
frisch gemahlener weißer Pfeffer

1 EL Tomatenmark
200 g gehackte Walnüsse
2 TL Oregano
3 EL Olivenöl

Küchengeräte

evtl. Handrührer mit Knethaken
Nudelholz
eingefettetes Backblech

Zeiten

Gehzeiten: 20, 30, 5 Minuten
Backzeit: 30 Minuten
Ofentemperatur: 200 °C

Ergibt 1 Blech

Porree-Pilzkuchen | *Foto auf Seite 106*

1 Das Mehl in eine Schüssel sieben, in die Mitte eine Vertiefung drücken. Die Hefe zerbröckeln, mit dem Zucker in 100 ml Milch verrühren und in die Vertiefung gießen. Etwas Mehl vom Rand hinein geben und einen breiartigen Vorteig herstellen. Zugedeckt an einem warmen Ort 20 Minuten gehen lassen.

2 Ei, Butter in Flöckchen und Salz auf dem Mehlrand verteilen. Von der Mitte her alles zu einem glatten Teig kneten, dabei die restliche Milch zufügen. Sollte der Teig kleben, noch etwas Mehl zugeben. Zugedeckt an einem warmen Ort 30 Minuten gehen lassen.

3 Den Käse in kleine Würfel schneiden. Den Porree waschen, in 1 cm breite Ringe schneiden, und in Salzwasser 5 Minuten garen, dann abtropfen lassen. Die Champignons putzen, zerkleinern, in Butter 5 Minuten dünsten und mit dem Porree vermischen. Mit Salz und Pfeffer würzen.

4 Den Teig zusammenstoßen, durchkneten und auf der bemehlten Arbeitsfläche ausrollen.

5 Ein Backblech einfetten, den Teig auflegen und einen Rand hochziehen Den Teig mehrmals mit einer Gabel einstechen und mit Tomatenmark bestreichen. Die abgekühlte Porreemischung darauf verteilen, Käse, Nüsse, Oregano und Öl darüber geben. Zugedeckt 5 Minuten gehen lassen. Im vorgeheizten Backofen bei 200 °C (Gas Stufe 3, Umluft 180 °C) etwa 30 Minuten backen. Warm servieren.

Teig

400 g Kartoffeln (mehlig kochend)
500 g Mehl | 60 g zimmerwarme Hefe
1/2 TL Zucker | 150 ml lauwarme Milch
2 zimmerwarme Eier (Größe L)
250 g abgetropfter Quark, zimmerwarm
1/2 TL Salz

Füllung

400 g durchwachsener Speck
600 g Zwiebeln | 30 g Butterschmalz
200 g Reibekäse
4 EL gehackte Kräuter
(Schnittlauch, Petersilie, Majoran)

Außerdem

2 Eigelb (Größe L) | 2 EL Milch
2 EL Kürbiskerne

Küchengeräte

Kartoffelpresse
evtl. Handrührer mit Knethaken
Nudelholz | eingefettetes Backblech

Zeiten

Gehzeiten: 20, 30, 10 Minuten
Backzeit: 45 Minuten
Ofentemperatur: 200 °C

Ergibt 1 Blech

Hefe-Kartoffel-Rolle | *Foto auf Seite 106*

1 Die Kartoffeln in der Schale kochen, pellen und durch die Kartoffelpresse geben. Auf Raumtemperatur abkühlen lassen.

2 Das Mehl in eine Schüssel sieben, 2 Esslöffel Mehl beiseite stellen. Das Mehl in der Schüssel mit der Kartoffelmasse vermischen, in die Mitte eine Vertiefung drücken. Die Hefe zerbröckeln, mit dem Zucker in etwas Milch verrühren, in die Vertiefung gießen, das beiseite gestellte Mehl hinein geben und einen breiartigen Vorteig bereiten. Zugedeckt an einem warmen Platz 20 Minuten gehen lassen.

3 Auf dem Mehlrand Eier, Quark und Salz verteilen. Die Zutaten von der Mitte her zu einem glatten Teig verkneten, dabei die restliche Milch zufügen. Wenn der Teig klebt, noch Mehl zugeben. Zugedeckt 30 Minuten an einen warmen Ort stellen.

4 Für die Füllung den Speck in kleine Würfel schneiden. Die Zwiebeln pellen und fein hacken. Das Butterschmalz erhitzen, Speck und Zwiebeln hineingeben und 5 Minuten rösten. Auskühlen lassen.

5 Den Teig durchkneten und auf der bemehlten Arbeitsfläche ausrollen. Zwiebeln und Speck mit dem Bratfett darauf verteilen, Reibekäse und Kräuter darüber streuen. Den Teig aufrollen. Ein Backblech einfetten, die Rolle darauf geben. Eigelb und Milch verrühren, die Rolle damit bestreichen und mit Kürbiskernen bestreuen. Zugedeckt an einem warmen Ort 10 Minuten gehen lassen.

6 Im vorgeheizten Backofen bei 200 °C (Gas Stufe 3, Umluft 180 °C) etwa 45 Minuten backen. Herausnehmen, sofort servieren oder auf einem Kuchengitter abkühlen lassen.

Rezeptverzeichnis nach Kapiteln

Kleingebäck & Schmalzgebackenes

Butterhörnchen **14**
Brioches **16**
Einback **18**
Reformationsküchlein **20**
Rosinenwickel **22**
Aprikosen-Nuss-Schnecken **23**
Streuseltaler **24**
Puddingbrezeln **26**
Babas mit Rum **28**
Hahnenkämme **30**
Berliner **32**
Faschingskrapfen **32**
Feurige Berliner **32**
Prilleken **34**
Nonnenfürzchen **35**
Wachsstöckle **36**
Thüringer Kniekeulchen **36**

Zöpfe, Kränze, Napfkuchen & Stollen

Gefüllter Osterkranz **40**
Hefekranz mit Quarkfüllung **42**
Gewürzkranz **44**
Marzipanzopf **46**
Milchzopf mit Orange **48**
Traditioneller Osterzopf **49**
Sächsische Bäbe **50**
Gugelhupf mit Rumglasur **52**
Walnusskuchen mit Zitronenglasur **54**
Gefüllter Napfkuchen **56**
Weihnachtsstollen Dresdner Art **58**
Mohnstollen mit Birnen **60**
Mandelstollen **61**

Blechkuchen

Gefüllter Bienenstich **64**
Streuselkuchen **66**
Prasselkuchen **68**
Rosenkuchen **70**
Schoko-Haselnusskuchen **72**
Kartoffelkuchen mit Zimt & Zucker **74**
Makronenkuchen **76**
Dresdner Eierschecke **77**
Käsekuchen mit Streuseln **78**
Apfelkuchen mit Vanillepudding **80**
Kirschkuchen mit Streuseln **82**
Zwetschgenkuchen mit Leinöl **84**
Zwetschgenkuchen mit Streuseln **85**
Mohnkuchen mit Puddingguss **86**
Walnusskuchen **88**

Pikantes Hefegebäck

Käsehörnchen mit Kümmel **92**
Würzige Kräuterhörnchen **94**
Speckkuchen mit Schmand **96**
Schnittlauchkuchen **98**
Zwiebelkuchen **99**
Spinatkuchen **100**
Harzer Flottkuchen **102**
Porree-Pilzkuchen **104**
Hefe-Kartoffel-Rolle **105**

Alphabetisches Rezeptverzeichnis

Apfelkuchen mit Vanillepudding **80**
Aprikosen-Nuss-Schnecken **23**

Babas mit Rum **28**
Berliner **32**
Brioches **16**
Butterhörnchen **14**

Dresdner Eierschecke **77**

Einback **18**

Faschingskrapfen **32**
Feurige Berliner **32**

Gefüllter Bienenstich **64**
Gefüllter Napfkuchen **56**
Gefüllter Osterkranz **40**
Gewürzkranz **44**
Gugelhupf mit Rumglasur **52**

Hahnenkämme **30**
Harzer Flottkuchen **102**
Hefe-Kartoffel-Rolle **105**
Hefekranz mit Quarkfüllung **42**

Kartoffelkuchen mit Zimt & Zucker **74**
Käsehörnchen mit Kümmel **92**
Käsekuchen mit Streuseln **78**
Kirschkuchen mit Streuseln **82**

Makronenkuchen **76**
Mandelstollen **61**
Marzipanzopf **46**
Milchzopf mit Orange **48**
Mohnkuchen mit Puddingguss **86**
Mohnstollen mit Birnen **60**

Nonnenfürzchen **35**

Porree-Pilzkuchen **104**
Prasselkuchen **68**
Prilleken **34**
Puddingbrezeln **26**

Reformationsküchlein **20**
Rosenkuchen **70**
Rosinenwickel **22**

Sächsische Bäbe **50**
Schnittlauchkuchen **98**
Schoko-Haselnusskuchen **72**
Speckkuchen mit Schmand **96**
Spinatkuchen **100**
Streuselkuchen **66**
Streuseltaler **24**

Thüringer Kniekeulchen **36**
Traditioneller Osterzopf **49**

Wachsstöckle **36**
Walnusskuchen mit Zitronenglasur **54**
Walnusskuchen **88**
Weihnachtsstollen Dresdner Art **58**
Würzige Kräuterhörnchen **94**

Zwetschgenkuchen mit Leinöl **84**
Zwetschgenkuchen mit Streuseln **85**
Zwiebelkuchen **99**

Die Abkürzungen in diesem Buch

g	Gramm
kg	Kilogramm (= 1000 g)
ml	Milliliter
TL	gestrichener Teelöffel
EL	gestrichener Esslöffel

ISBN: 978-3-572-08098-4

© 2013 by Bassermann Verlag, einem Unternehmen der Verlagsgruppe
Random House GmbH, 81673 München

Umschlaggestaltung: Atelier Versen, Bad Aibling
Bildredaktion: Markus Röleke
Herstellung: Elke Cramer
Projektleitung: Anja Halveland
Food-Fotografie und Steps S. 9: Andreas Ketterer, **Foodstyling:** Evelyn Layher
www.ketterer-layher-foodphoto.de
Still-Fotos: Fotolia: 10 (victoria p), 11 (Schneebesen: Artem Gorohov; Backform: VRD);
iStockphoto: 11 (Waage: gradisca; Reibe: Tatyana Nyshko; Messbecher: Dave White)
Layout: Epsilon2, Mundelsheim

Die Ratschläge in diesem Buch sind von der Autorin und vom Verlag sorgfältig erwogen und geprüft,
dennoch kann eine Garantie nicht übernommen werden. Eine Haftung der Autorin bzw. des Verlags
und seiner Beauftragten für Personen-, Sach- und Vermögensschäden ist ausgeschlossen.

Satz: Epsilon2, Mundelsheim
Reproduktion: Artilitho snc, Lavis (Trento)
Druck: Mohn media Mohndruck GmbH, Gütersloh

Printed in Germany

Verlagsgruppe Random House FSC® N001967
Das für dieses Buch verwendete FSC®-zertifizierte Papier *Profisilk*
wurde produziert von Sappi Alfeld.

817 2635 4453 6271